A LITERATURA
LATINA

A LITERATURA LATINA

Zelia de Almeida Cardoso

Licenciada em Letras Clássicas pela FFCL-USP
Doutora em Letras pela USP
Livre-docente em Literatura Latina
Professora titular de Língua e Literatura Latina da FFLCH-USP

(Edição revista)

Copyright © 2003, Livraria Martins Fontes Editora Ltda.
Copyright © 2021, Editora WMF Martins Fontes Ltda.,
São Paulo, para a presente edição.

1ª edição *1989*
(Editora Mercado Aberto)
4ª edição *2021*

Acompanhamento editorial
Helena Guimarães Bittencourt
Revisão
Ivani Cazarim
Produção gráfica
Geraldo Alves
Paginação
Studio 3 Desenvolvimento Editorial
Capa
Marcos Lisboa

Dados Internacionais de Catalogação na Publicação (CIP)
(Câmara Brasileira do Livro, SP, Brasil)

Cardoso, Zelia de Almeida
A literatura latina / Zelia de Almeida Cardoso. – 4ª. ed. –
São Paulo : Editora WMF Martins Fontes, 2021.

ISBN 978-65-86016-46-8

1. Literatura latina - Estudo e ensino I. Título.

21-54113   CDD-870

Índices para catálogo sistemático:
1. Literatura latina : História e crítica   870.09

Aline Graziele Benitez - Bibliotecária - CRB-1/3129

Todos os direitos desta edição reservados à
Editora WMF Martins Fontes Ltda.
Rua Prof. Laerte Ramos de Carvalho, 133 01325.030 São Paulo SP Brasil
Tel. (11) 3293.8150 e-mail: info@wmfmartinsfontes.com.br
http://www.wmfmartinsfontes.com.br

ÍNDICE

Considerações preliminares IX

PRIMEIRA PARTE

A POESIA LATINA

Origem da poesia latina 3

A poesia épica 6
   A epopeia de Virgílio 10
   A poesia épica pós-virgiliana 19

A poesia dramática: a comédia 23
   As comédias de Plauto 28
   As comédias de Terêncio 34
   A comédia *togata* e *tabernaria* 37
   A atelana 37
   O mimo 38

A poesia dramática: a tragédia 39
   As tragédias de Sêneca 41

A poesia lírica 49
   A poesia de Catulo 55
   A poesia lírica na época de Augusto 59
   As *Bucólicas* de Virgílio 61
   A lírica de Horácio 65
   A poesia elegíaca em Roma 69
   As elegias de Tibulo: o *Corpus Tibullianum* 70
   As elegias de Propércio 74
   A obra poética de Ovídio 80
   A poesia lírica pós-ovidiana 87

A sátira latina 89
   A sátira de Lucílio 91
   Varrão e as *Sátiras menipeias* 92
   As *Sátiras* de Horácio 93
   A sátira pós-horaciana: a *Apocolocintose* de Sêneca .. 96
   As *Sátiras* de Pérsio 98
   A obra de Juvenal 100

A poesia didática 102
   A obra de Lucrécio 104
   As *Geórgicas* de Virgílio 109
   As *Epístolas* de Horácio 113
   Os *Fastos* de Ovídio 115
   A poesia didática contemporânea a Ovídio 117
   As *Fábulas* de Fedro 119

SEGUNDA PARTE

A PROSA LITERÁRIA

Formação da prosa literária 123

O romance 125

    O *Satiricon* 126
    O romance de Apuleio 129

A história 131
    A história na época de Cícero: Júlio César 132
    Salústio 135
    A história no século de Augusto: Tito Lívio 139
    A concepção romana de história: Tácito 143
    A história após Tácito: Suetônio 146
    Epitomadores e *História Augusta* 147

A oratória 150
    Cícero orador 152
    A oratória romana após Cícero 158
    Plínio, o Jovem, e o *Panegírico de Trajano* 159
    Oratória cristã 159

A retórica 161
    Cícero e a retórica 162
    A retórica na época da "dinastia júlio-claudiana":
    Sêneca, o rétor 165
    A nova retórica: Quintiliano 165
    Tácito e Plínio, o Jovem 168

Filosofia, apologética, teologia 170
    A obra filosófica de Cícero 171
    O pensamento filosófico de Sêneca 174
    A filosofia e o cristianismo: os apologistas 177
    Minúcio Félix 180
    Tertuliano 181
    O segundo período cristão: o século III 182
    A sedimentação da doutrina: os doutores da Igreja .. 183

A erudição 187

>   Catão 188
>   Varrão 190
>   A erudição e a "dinastia júlio-claudiana" 191
>   A *História natural* de Plínio, o Velho 193
>   As *Noites áticas* de Aulo Gélio 196
>   Macróbio 197
>
> A epistolografia 199
>   A correspondência de Cícero 200
>   Sêneca epistológrafo 203
>   As *Cartas* de Plínio, o Jovem 204
>   Epistolografia cristã 206
>
> A herança literária latina 209
>
> *Quadro cronológico da literatura latina* 213
> *Abreviaturas utilizadas no texto* 217
> *Bibliografia* 219

CONSIDERAÇÕES PRELIMINARES

Antes de discorrer sobre os gêneros literários que se desenvolveram na antiga Roma, faremos algumas observações sobre os principais momentos que marcaram a história romana.

A compreensão das manifestações culturais de um povo pressupõe o conhecimento das circunstâncias em que elas se produziram. Tudo aquilo que as civilizações humanas criaram é resultado da combinação de fatores de diversas ordens (políticos, sociais, econômicos, éticos, religiosos, ideológicos, educacionais, etc.), que compõem, em conjunto, o amplo contexto que explica e justifica o produto. O estudo de uma literatura, portanto, deve ser precedido de uma coleta de informações sobre a época em que ela nasceu e floresceu.

Costuma-se considerar como marco inicial da literatura latina a tradução da *Odisseia*, feita por Lívio Andronico nas proximidades de 240 a.C.

Esse fato exige, evidentemente, uma explicação. Roma se tornara uma comunidade humana organizada cerca de cinco séculos antes. A tradição estabeleceu o ano de 753 a.C. como o da fundação da cidade e preservou a memória de alguns fatos relacionados com essa fundação. Embora a data seja controvertida e na conhecida história de Rômulo e Remo, os supostos fundadores da cidade, o aspecto lendário e mítico se sobreponha ao histórico, sabe-se com certeza, graças à contribuição da arqueologia, que Roma foi habitada, em meados do século VIII a.C., por camponeses provenientes de Alba Longa, a pátria dos ancestrais de Rômulo, conforme a lenda. Mais tarde, sabinos e etruscos se associaram aos albanos.

Sobre os primeiros séculos da existência de Roma não se têm muitas informações. Os documentos históricos, muito posteriores, dão-nos uma visão até certo ponto confusa de um período marcado por guerrilhas e guerras, vitórias e reveses, que se estende de meados do século VIII a.C. ao início do século III a.C.

Durante esse longo lapso temporal, Roma era apenas um dos muitos pequenos núcleos urbanos que formavam a Liga Latina, sabendo-se que, provavelmente no final do século VI a.C., a primitiva organização política da cidade foi modificada, substituindo-se por uma república consular o governo então exercido por reis. Até o início do século IV a.C. Roma enfrentou e desafiou sabinos, équos, volscos e veienses, ora vencendo, ora sendo vencida, ora fazendo alianças militares e políticas. A violenta invasão dos gauleses, ocorrida por volta de 390 a.C., teve como consequência imediata a reconstrução da cidade, que fora incendiada e pilhada. Dando-se conta de sua fragilidade e insegurança, os romanos procuraram fortalecer-se, preparando-se para futuras investidas. Foi esse o ponto de partida para a marcha expansionista da cidade. As vitórias sobre os samnitas (341, 326 e 304 a.C.), antigos aliados que viviam na Itália meridional, permitiram a ampliação do território romano e o aumento de seu poderio. O triunfo sobre Tarento (272 a.c.), importante centro cultural grego, localizado ao sul da Península Itálica, representou o início de uma era de vitórias e novas conquistas que iriam estender-se pelos séculos afora, determinando a constituição do imenso império romano, cujos limites definitivos só se completaram na época do imperador Trajano, no século II de nossa era.

Até as vitórias sobre os samnitas e a posterior conquista de Tarento, Roma ainda não se diferenciava grandemente de numerosas outras cidades espalhadas pelo mundo mediterrâneo e não desfrutava de maior importância política, militar ou cultural. Os romanos falavam o latim – língua de origem indo-europeia, relativamente pobre e rústica – e, embora conhecessem a escrita por terem adaptado o alfabeto etrusco, somente a utilizavam em inscrições (algumas muito antigas, datadas dos séculos VII ou VI a.C.) que têm apenas valor filológico, linguístico e documental. A literatura se achava ainda em fase embrionária, restringindo-se quase exclusivamente às manifestações orais.

É a vitória sobre Tarento que propicia ao povo de Roma o contato direto com a brilhante cultura grega. Começam a surgir, então, graças a esse contato, as primeiras obras de literatura latina.

Durante a segunda metade do século III e o século II a.C. essa literatura se desenvolve e se aperfeiçoa, chegando à expressão mais alta no século I a.C. Roma, nessa época, havia conquistado toda a Itália meridional (meados do século III a.C.), tornando-se a grande potência do Mediterrâneo, ocupara a Sardenha, a Sicília e a Ilíria (terceiro quartel do século III a.C.), bem como o vale do Pó e a Gália Cisalpina (final do século III a.C.), vencera a Mauritânia e aliara-se à Síria (início do século II a.C.), anexara a Macedônia (meados do século II a.C.) e conseguira derrubar Cartago (146 a.C), tendo-se batido duramente com a antiga colônia fenícia durante as três longas e tumultuadas guerras púnicas (264-241; 218-201 e 149-146 a.C.).

Marcados por novas conquistas, por guerras civis e profundas modificações políticas, sociais e culturais, o final do século II e o século I a.C. presenciaram, sucessivamente, a luta de classes, a acirrada disputa pelo poder, a agonia do sistema republicano, o estabelecimento do regime imperial e o grande desenvolvimento das artes, das letras e da vida intelectual.

O período dominado pelo gênio polivalente de Júlio César (60-44 a.C.) é aquele em que a literatura latina se firma, a língua literária se estabelece e as primeiras grandes figuras de prosadores se projetam no cenário das letras. A chamada "Época de Augusto" (43 a.C.-14 d.C.) é o momento áureo da poesia: surgem escritores de talento indiscutível e a arte poética, incentivada oficialmente, alcança seu brilho maior.

Após a morte do *princeps* (14 d.C.), o mundo romano começa, lentamente, a declinar. No período em que exerceram o poder os príncipes júlio-claudianos, herdeiros de Augusto (Tibério, Calígula, Cláudio e Nero – 14 a 68 d.C.), ainda não se pode falar exatamente em decadência. Esta, contudo, já se faz anunciar. O panorama cultural de Roma se modifica substancialmente com a introdução de novos valores. O "orientalismo" – e o cristianismo como sua maior forma – se estabelece no Império. Entre o final do século I de nossa era e o século V caminha-se, pouco a pouco, para o desaparecimento do "espírito de romanidade", para os conflitos entre o Estado e a Igreja, as novas guerras civis, a divisão do Império, as invasões dos povos bárbaros e, finalmente, o inevitável e completo esfacelamento da antiga unidade.

A literatura latina sofre, durante todo esse tempo, como não poderia deixar de ser, o impacto das transformações. A periodização a que usualmente a submetemos reflete, de alguma forma, fatos históricos relevantes. Embora saibamos que a tentativa de classificar as manifestações literárias por períodos, épocas ou escolas é arbitrária e convencional – as balizas temporais se ressentem, muitas vezes, da precariedade e do artificialismo –, no caso especial da literatura latina as "fases" ou "épocas" literárias, abaixo especificadas, correspondem a momentos distintos de uma civilização, apresentando, portanto, cada uma, características bem definidas:

1. *Fase primitiva:* considerada como uma época ainda pré-literária, estende-se do aparecimento das primeiras inscrições (século VII a.C.) à produção dos primeiros textos propriamente literários escritos em latim (imediações de 240 a.C.).

2. *Fase helenística:* corresponde ao momento em que os escritores de Roma se exercitam na produção de textos poéticos, procurando imitar a literatura da Grécia; desenvolve-se a poesia épica e a dramática, mas a língua literária ainda apresenta traços arcaicos; estende-se de cerca de 240 a.C. a 81 a.C., data que marca o primeiro pronunciamento de Cícero como orador.

3. *Fase clássica:* corresponde ao período de maior esplendor literário, podendo ser subdividida em três épocas, diferenciadas em suas peculiaridades: a) a época de Cícero (de 81 a 43 a.C.) – dominada, principalmente, pela figura do grande orador, o verdadeiro criador de uma língua clássica, em Roma; b) a época de Augusto (de 43 a.C. a 14 d.C.) – é o momento em

que a poesia atinge seu apogeu, colocando-se, contudo, a serviço da política; c) a época dos imperadores júlio-claudianos (de 14 a 68 d.C.) – a literatura ainda floresce, mas já se pressente a decadência.

4. *Fase pós-clássica*: estende-se da morte de Nero (68 d.C.) à queda do Império Romano do Ocidente (século V) e corresponde a duas épocas distintas: a) a época neoclássica (de 68 ao final do século II, abrangendo os governos dos imperadores flavianos e antoninos), quando ainda se encontram figuras literárias importantes no campo da prosa científica, da retórica, da história, da epistolografia e até mesmo da poesia; b) a época cristã, que, iniciando-se no fim do século II, se estende até o século V: a velha literatura pagã começa a empalidecer, cedendo seu lugar à incipiente literatura cristã; a poesia assume novas dimensões e surgem os primeiros textos apologéticos que, aos poucos, vão sendo substituídos pelas obras históricas, morais e teológicas dos doutores da igreja.

No presente estudo trataremos separadamente de cada um dos gêneros literários que se desenvolveram em Roma. Iniciamos pela análise dos gêneros poéticos – autênticos gêneros literários – e reservamos espaço para a chamada "prosa literária". Apresentamos, de cada gênero, aquilo que foi considerado melhor. Como a extensão da matéria e as dimensões de nosso trabalho não permitem o aprofundamento desejável, fornecemos algumas indicações bibliográficas, no final do livro, sugerindo ao leitor a consulta a textos complementares.

PRIMEIRA PARTE
A POESIA LATINA

ORIGEM DA POESIA LATINA

Todas as civilizações conheceram alguma forma de poesia, embora variem muito, de grupo para grupo, as modalidades de composições poéticas produzidas.

Entre as velhas culturas mediterrâneas, de origem indo-europeia, as mais antigas manifestações de poesia se associam invariavelmente à música: são cânticos, portanto, e pelo que deles sabemos, por meio do exame de formas arcaicas, podemos supor que tinham como base estrutural o verso, a unidade rítmica que corresponde à acomodação de uma frase a um esquema melódico, caracterizado por certo número de sílabas (ou conjuntos de sílabas) e pela colocação de sílabas de determinadas categorias em posições mais ou menos fixas.

Variaram, nas diversas civilizações, os tipos de versos conhecidos. Enquanto na Grécia, por exemplo, havia grande quantidade de espécies rítmicas, adequadas aos diferentes gêneros poéticos, na Itália central, ao que se sabe, a poesia só se valia de um único modelo de verso em seus primórdios: o chamado verso satúrnio.

Pesado, longo e monótono, o verso satúrnio foi utilizado, em Roma, nos mais antigos cânticos de que se tem notícia. Supõe-se que fosse constituído, originalmente, de 14 ou 13 sílabas, subdividindo-se em duas partes. Alternavam-se as sílabas breves, com a duração de um tempo, e as longas, com a duração de dois (não nos esqueçamos de que em latim, diferentemente do que ocorre hoje nas línguas românicas, as sílabas eram caracterizadas pela duração e pela altura, e não pela intensidade). Podiam-se substituir algumas das breves por longas, e vice-versa, desde que estivessem em determinadas posições. Tal procedimento gerava muitas possibilidades de variação rítmica, sem que se modificasse, substancialmente, o verso. Daí, talvez, a razão pela qual nem o romano nem os demais povos itálicos tivessem procurado outras soluções métricas.

Com o verso satúrnio foram compostos todos os cânticos latinos produzidos na época primitiva. Embora tais cânticos não possam, a rigor, ser considerados como formas literárias propriamente ditas – faltam-lhes para isso o *status* de obras escritas e as características mínimas dos textos artísticos –, não deixam de ser embriões literários, anunciando, já, os futuros gêneros: o épico, o dramático, o lírico, o satírico e o didático.

Esses gêneros, porém, como veremos adiante, só vão desabrochar e produzir frutos no momento em que o romano, já preparado para conhecer o requinte de uma literatura mais cultivada, defrontar-se com a poesia que se produziu na Grécia.

A partir daí, nasce a verdadeira literatura latina. Importam-se modelos que passam a ser imitados. Roma, que vinha impondo-se perante o mundo pelas armas e pela força, não poderia ficar aquém de outros povos em termos de produção artística e literária. Tenta-se, pois, atingir o nível dos modelos que vêm de fora, e, se possível, superá-los. A luta foi árdua mas, em muitos casos, a literatura latina conseguiu ser criativa e original. O estudo, gênero por gênero, dos principais autores e das obras mais importantes que produziram, procurará mostrar tal fato.

A POESIA ÉPICA

Quando nos referimos à poesia épica somos levados, de imediato, a pensar no gênero a que se filiam as narrativas em verso que têm por assunto fatos heroicos, vividos por personagens humanas excepcionais, manipuladas, de certa maneira, pelo poder dos deuses. A tradição grega é responsável por essa conceituação.

A épica, entretanto, está presente em quase todas as culturas. Raros são os povos que não têm suas histórias, que não cultuam seus heróis e não procuram preservar a lembrança dos fatos que viveram. O registro desses fatos só foi possível, até bem pouco tempo, pela palavra. Como, porém, a palavra oral se desgasta e se corrompe com freqüência, tornou-se necessário o encontro de formas que lhe garantissem a fixação. A escrita só apareceu tardiamente entre as civilizações; o meio encontrado para fixar a narrativa foi, então, o verso. Fechado em sua rigidez, memorizável com facilidade graças ao ritmo melódico de que se constitui e aos recursos mnemônicos de que se vale, o verso assegura sua própria permanência e sua quase total imutabilidade. A solução grega de encerrar a lembrança dos fatos na cadência rítmica dos versos não é exclusividade do povo helênico. São numerosas as civilizações que, antes mesmo de conhecerem a escrita, tiveram suas epopeias orais em versos.

No caso particular de Roma, pouco se sabe sobre a existência de uma "épica natural", produzida no próprio coração de sua cultura, sem ter sofrido influências externas. Na época primitiva, embora tenham existido numerosas formas poéticas que se realizavam em cânticos, o conteúdo épico dessas manifestações pré-literárias é discutível. Supõe-se que nos cânticos convivais (*carmina conuiualia*), entoados durante os banquetes, fossem lembrados feitos gloriosos de Roma e velhas lendas históricas – o que teria preservado lembranças do passado, retomadas, mais tarde, pelos historiadores. São, entretanto, apenas suposições. Catão – erudito romano que viveu entre os séculos III e II a.C. – fala da existência, na época primitiva, de cantos heroicos, cujo assunto girava em torno das realizações de Rômulo, dos feitos dos primeiros reis, da vida de Horácio, Coriolano e outras personalidades famosas. Tais informações, todavia, carecem de maior comprovação.

Assim sendo, o primeiro texto épico, propriamente dito, a surgir em Roma, em latim, não é uma epopeia natural, emanada das raízes culturais do povo. É a tradução da *Odisseia*, feita por um grego tarentino, Lívio Andronico (*Liuius Andronicus* – 285?-204? a.C.).

Não se conhece a data exata em que se realizou tal trabalho, mas tudo indica que a tradução foi feita nas proximidades do ano 240 a.C.

Já nos referimos, anteriormente, à vitória de Roma sobre Tarento, em 272 a.C., e já lembramos o fato de ter sido essa cidade um dos muitos núcleos irradiadores da cultura helênica. Entre os prisioneiros de guerra, levados então para Roma, havia um adolescente cujo nome era Andronico. Tornando-se escravo da família Lívia, adotou o nome de seus senhores em combinação com o seu, como era habitual. Desde cedo Lívio Andronico se ocupou da educação de meninos, mas, na condição de preceptor e mestre de primeiras letras, esbarrou em uma primeira dificuldade: a falta de textos adequados para o ensino. A educação grega, em sua primeira fase, exige o manuseio de textos literários. É por meio deles que se procede à alfabetização da criança e que se ministram a ela as primeiras noções de história, geografia, ética, mitologia e religião. A não existência de textos para esse fim levou Lívio Andronico a traduzir a *Odisseia*. Em seu trabalho de tradução, ele se utilizou do grosseiro e primitivo verso satúrnio, tão diferente dos sonoros versos gregos, e teve de lutar também, certamente, com a pobreza de um vocabulário não afeito ao tratamento literário.

A tradução de Lívio Andronico, entretanto, por medíocre e rudimentar que fosse, ao lado de tornar o poeta conhecido da sociedade, colocou o romano em contato direto com um texto literário grego, embora traduzido, e propiciou o aparecimento de outros poemas épicos.

E as epopeias latinas começaram a surgir.

Névio (*Naeuius* – ?-201 a.C.), contemporâneo de Lívio Andronico e natural da Campânia, onde nasceu em data ignorada, não tardou a seguir os passos do escravo de Tarento, escrevendo *A guerra púnica* (*Poenicum bellum*), o primeiro poema épico composto originalmente em latim. Utilizando-se ainda do verso satúrnio e extraindo o assunto de fatos reais – a guerra travada entre romanos e cartagineses, de 264 a 241 a.C. –, Névio soube mesclar a história à mitologia, atribuindo causas sobrenaturais aos acontecimentos. Pelos fragmentos que restam de *A guerra púnica* – algumas dezenas de versos – podemos observar certa irregularidade no estilo do poeta: grandioso nos trechos mitológicos, pobre e árido nos trechos históricos. Não se pode negar-lhe, contudo, o mérito de ter sido um inovador.

Ênio (*Quintus Ennius* – 239-169 a.C.) prossegue no caminho iniciado por Névio e compõe alguns anos mais tarde o poema *Anais* (*Annales*), usando pela primeira vez o hexâmetro grego – verso apropriado para a poesia épica – e ampliando o vocabulário poético com a criação de neologismos construídos à moda helênica. O poema de Ênio era bastante extenso, compondo-se de dezoito livros, nos quais o poeta procurou contar toda a história de Roma. Como Névio, Ênio deteve-se em considerações sobre a origem mitológica da cidade, reservando os seis primeiros livros para explorar histórias lendárias, referentes à época dos reis. Nos demais, com a precisão – e a aridez, poderíamos acrescentar – de um *pontifex* que registra fatos até certo ponto corriqueiros, Ênio relatou, minuciosamente, acontecimentos que marcaram, de alguma forma, a história romana.

Pelos fragmentos do poema que chegaram até nossos dias – cerca de 600 versos –, pode-se verificar algumas das características do poeta: o gosto pelo epíteto (herança da epopeia homérica), o emprego de comparações, o cuidado com o colorido descritivo e a vivacidade de certas cenas.

Depois de Ênio, a poesia épica romana só vai encontrar um grande momento cerca de cento e cinquenta anos mais tarde, com Virgílio, já nos dias de Augusto. A que se manifestou na primeira metade do século I a.C. tem pouca significação: poemas mitológicos como *Io* (*Ios*), de Licínio Calvo, ou

Argonáutica (*Argonautica*), de Varrão de Átax, e poemas históricos como *A guerra sequânica* (*Bellum Sequanicum*), do mesmo autor, não chegaram a ter grande importância, nem sequer na época em que foram escritos.

A epopeia de Virgílio

Virgílio (*Publius Vergilius Maro* – 70-19 a.C.) é o épico latino por excelência, o poeta nacional do Império. Era já bastante conhecido nos meios artísticos e intelectuais de Roma quando, por solicitação de Augusto, se dispôs, em 29 a.C., a encetar a empresa gigantesca de escrever uma epopeia grandiosa que pudesse ombrear com os poemas homéricos. Além de alguns trabalhos poéticos escritos na juventude, Virgílio já havia composto, por essa época, as duas grandes obras que lhe asseguraram a fama de poeta de primeira linha: as *Bucólicas*, coletânea de poemas pastoris, e as *Geórgicas*, poema didático elaborado por solicitação de Mecenas.

Conhecendo suas qualidades e sabedor de que o poeta se dispunha a operar como porta-voz da política imperial, Augusto o incumbiu da nova missão. Durante dez anos – de 29 a 19 a.C. –, Virgílio trabalhou na composição de sua epopeia, a *Eneida* (*Aeneis*). Não chegou, todavia, a dar-lhe o último polimento.

Diz a tradição que o poeta, percebendo a proximidade da morte e sabendo que não haveria tempo para dar ao poema a forma final, recomendou que o texto fosse destruído. Augusto, entretanto, não permitiu que o desejo do poeta fosse satisfeito. De um lado, a *Eneida* já era conhecida do público: durante o longo período de tempo em que se processou a composição, partes isoladas foram sendo divulgadas, lidas, provavelmente, em sessões literárias particulares e públicas. De outro lado, não se justificava a destruição. Mesmo não estando terminado definitivamente, não se pode dizer que seja um texto inconcluso. Faltam-lhe apenas os últimos retoques: substituição, talvez, de uma ou outra palavra, complementação de alguns versos incompletos. No mais, o poema está pronto, perfeito. E apresenta a grandiosidade das obras-primas que se superpõem ao tempo, resistindo-lhe às investidas e não se subordinando aos caprichos ocasionais das modas literárias.

Compondo-se de doze cantos, ou livros, num total de 9.826 versos, a *Eneida* é, a um tempo, um poema mitológico e uma ufanista homenagem ao Império que se formava. A lenda narrada no correr do texto – a história da acidentada viagem de Eneias, príncipe troiano salvo da guerra para fundar a nova Troia, e das duras lutas que travou no Lácio – é um pretexto para a exaltação de Roma e de Augusto, para a valorização do romano e de seus feitos remotos e recentes, para a síntese das correntes filosóficas então difundidas em Roma, numa demonstração da vasta erudição do poeta em todas as áreas do conhecimento.

Baseando-se nas epopeias homéricas, mas utilizando-se de várias outras fontes – os trágicos gregos, a lírica alexandrina, a história e a epopéia latinas –, Virgílio compôs um texto em que se aliam a grandeza da poesia da Grécia clássica e a sofisticação das formas literárias modernas, desenvolvidas no requinte do ambiente cultural de Alexandria.

Assim se desenrola o assunto lendário nos doze cantos que compõem a obra:

Canto I – Atingidos por violenta tempestade provocada por Juno, a deusa inimiga de Troia, os navios de Eneias e de seus companheiros são arremessados às praias do norte da África. Dido, a rainha da Cartago, acolhe os náufragos e lhes oferece um banquete de boas-vindas durante o qual, graças a um estratagema de Vênus, se apaixona por Eneias.

Canto II – Por solicitação de Dido, Eneias relata a história da guerra de Troia, enfatizando os episódios que lhe determinaram o fim: o aprisionamento do grego Sinão, instruído por Ulisses para enganar os troianos, a introdução do cavalo de madeira na cidade, a saída dos soldados escondidos na calada da noite, a batalha noturna, o incêndio, o ataque ao palácio do rei e a vitória dos gregos.

Canto III – Continuando a narração, Eneias relata à rainha as peripécias que marcaram a viagem dos troianos: as escalas na Trácia e em Creta, a partida para a Itália, o encontro com as harpias, a chegada ao Epiro e à Sicília e a morte de Anquises, seu velho pai.

Canto IV – Violentamente apaixonada por Eneias, Dido se vale de um encontro aparentemente casual, durante uma tempestade, para entregar-se ao chefe troiano. Censurado por Júpiter, que lhe envia Mercúrio como emissário, Eneias abandona Cartago, disposto a cumprir a missão para a qual fora preservado. Dido, desesperada, suicida-se.

Canto V – Chegando novamente à Sicília, Eneias realiza jogos fúnebres em homenagem ao primeiro aniversário da morte de Anquises.

Canto VI – Fazendo uma escala em Cumas, Eneias consulta uma sacerdotisa de Apolo. Toma ciência do que o espera, no futuro, e obtém permissão para fazer uma visita ao reino dos mortos, onde se encontra com Anquises.

Canto VII – Eneias chega à região do Tibre, envia embaixadores ao rei Latino e este oferece ao chefe troiano a mão de sua filha, Lavínia. Amata, a rainha, se enfurece com a aliança, o mesmo ocorrendo com Turno, chefe rútulo a quem a moça fora prometida em casamento.

Canto VIII – Eneias procura fazer aliança com o rei Evandro enquanto Vênus solicita a Vulcano armas para o troiano.

Canto IX – Eclode a guerra. Turno ataca os acampamentos de Eneias e dois jovens troianos, Niso e Euríalo, têm oportunidade de mostrar seu valor, embora encontrando a morte. A guerra prossegue.

Canto X – Júpiter procura conciliar Juno e Vênus, a fim de que a guerra chegue ao fim. A violência, entretanto, continua. Há perdas importantes de ambos os lados.

Canto XI – Faz-se uma trégua para que se enterrem os mortos; cogita-se numa proposta de paz; os exércitos inimigos, todavia, se defrontam. A carnificina é terrível e morre Camila, rainha dos volscos, aliada de Turno.

Canto XII – Vendo o exército desanimado, Turno se dispõe a enfrentar Eneias num duelo; firmam-se as condições, mas o tratado é violado; uma seta fere Eneias e Vênus o cura. O exército troiano chega até os muros da cidade e Amata se suicida. Trava-se o combate singular entre Eneias e Turno. O chefe troiano vence o inimigo e o sacrifica.

No decorrer da narrativa, a todo momento, Virgílio encontra oportunidades para exaltar Roma, expressando o sentimento nacionalista. Nos versos iniciais do poema já se percebe a intenção do poeta. Na primeira referência feita a Juno, no início do Canto I, Virgílio explica a razão do ódio que a deusa nutria pelos troianos e, sobretudo, por Eneias. Dispostos a fundar a nova Troia – ou seja, Roma –, os remanescentes da guerra não hesitaram em enfrentar os mares e os perigos de uma longa viagem. Juno, porém, em sua onisciência divina, sabia que a cidade a ser fundada pelos descendentes dos troianos seria, no futuro, a causa da queda de Cartago e esta era consagrada à deusa e por ela amada com especial carinho. Daí as tentativas que faz para alterar a ordem das coisas, procurando impedir Eneias de realizar seus desígnios: suborna Éolo, deus dos ventos, fazendo-o provocar a tempestade que levaria os navios troianos ao naufrágio; auxilia Vênus a maquinar o encontro amoroso de Eneias e Dido; instiga Amata a combater o troiano. Nada, porém, surte o efeito desejado. Eneias supera todos os obstáculos e assegura a fundação de Roma, a futura senhora do mundo.

No correr do Canto I, há mais um momento em que o nacionalismo se exalta: é quando Júpiter procura tranquilizar Vênus no tocante ao futuro dos troianos e lhe fala dos dias vindouros, da glória de Roma e dos feitos grandiosos de Augusto:

> Nascerá de uma bela origem um César troiano, que estenderá
> seu império até o Oceano e sua fama até os astros:
> um Júlio, nome proveniente do grande Iulo. Tu, tranquila,
> o receberás, um dia, no céu, carregado com o espólio
> do Oriente; e ele também será invocado com votos.
>
> (Verg. *Aen.* I, 286-290)

No Canto VI, quando Eneias encontra seu pai Anquises no reino das sombras e o ancião o acompanha por algumas das regiões infernais, aparece novamente a marca do nacionalismo. No último setor do mundo dos mortos, o velho troiano mostra ao filho as almas que aguardavam o momento de reencarnar-se e apresenta-lhe os futuros heróis do povo romano: Augusto, Numa Pompílio, os Décios, os Drusos, César, Pompeu, Paulo Emílio, Catão. As palavras que Anquises pronuncia ao apresentar a Eneias os espíritos dos Marcelos correspondem à exaltação do povo de Roma, naquilo que ele tinha de grandioso e peculiar:

> Outros produzirão com mais delicadeza bronzes que parecem respirar – creio eu – e tirarão do mármore rostos vivos, discursarão melhor em suas causas, descreverão o espaço do céu com o compasso e discorrerão sobre os astros que surgem. Quanto a ti, Romano, lembra-te de governar os outros povos com o teu poder. Estas serão tuas artes: impor os princípios da paz, poupar os vencidos, derrotar os soberbos.
>
> (Verg. *Aen.* VI, 847-853)

No Canto VII, ao relatar o episódio da chegada dos troianos ao Lácio, Virgílio faz referências ao rei Latino, soberano da região, e à consulta feita por ele ao oráculo de Fauno. Nas palavras proféticas da divindade, há nova alusão ao valor do futuro romano:

> Não procures unir tua filha a um esposo latino, meu filho, e não confies no casamento ajustado. Virão genros estrangeiros, que por seu sangue elevarão nosso nome até os astros e de cuja estirpe os descendentes verão que sob seus pés se curva e se deixa dominar tudo aquilo que o Sol observa percorrendo os dois oceanos.
>
> (Verg. *Aen.* VII, 96-100)

Finalmente, no Canto VIII, a descrição do escudo que Vulcano forja para Eneias, a pedido de Vênus, mostra-nos que ali se achavam esculpidos, em artísticos relevos, os feitos grandiosos que iriam marcar o destino de Roma.

Muitas vezes a *Eneida* foi considerada como uma espécie de decalque das epopeias homéricas. Trata-se, a nosso ver, de uma postura que não faz justiça à arte e às qualidades de Virgílio. O poeta romano inspira-se nos textos gregos, é indiscutível. E tal procedimento dificilmente poderia ser diferente, uma vez que a "moda" literária da época preconizava essa atitude: se havia modelos perfeitos, a perfeição deveria ser imitada. A *Eneida*, porém, não pode ser considerada como cópia vulgar dos poemas homéricos. Mantendo pontos que haviam sido explorados na poesia da Grécia, Virgílio soube ser original e, sobretudo, romano. Alguns dos trechos mais belos da *Eneida* testemunham essa originalidade: a história da trágica paixão de Dido (Canto IV); o sonho de Eneias com Tiberino, divindade personificadora do Tibre (Canto VIII); o passeio feito por Eneias em companhia de Evandro no local em que seria fundada a futura Roma (Canto VIII); o desespero da mãe de Euríalo ao saber da morte do filho (Canto IX); a descrição da morte de Camila, rainha dos volscos (Canto XI).

Mesmo nos trechos inspirados em obras de outros autores, Virgílio consegue mostrar sua criatividade e seu poder de inovar. Assim ocorre, por exemplo, no Canto VI, quando o poeta relata a viagem de Eneias ao mundo dos mortos. Se na *Odisseia* encontramos um relato semelhante – o do contato de Ulisses com o reino de Hades –, os detalhes que compõem tais narrativas são diferentes. O relato homérico é linear: abertas as portas da mansão subterrânea, o rei de Ítaca vê o desfilar das almas – pretexto, talvez, para a evocação de velhas lendas. O de Virgílio é complexo, permeado de soluções novas. O poeta romano não só introduz o pormenor do enigmático ramo de ouro (passaporte para a entrada na casa dos espíritos) e a presença de uma sibila que conduz o troiano, como opta por um mundo infernal dividido em setores distintos, cada um com sua peculiaridade. Na pintura desse mundo não se detém apenas na referência a episódios mitológicos; vale-se da oportunidade para aludir a algumas das teorias filosóficas que se ocuparam da pós-morte: a platônica, a pitagórica, a neoplatônica, a órfica; aproveita dados da doutrina estoica e encontra o momento adequado para expô-los; funde na mesma realidade o mito e a história; compõe uma narrativa em que se evidencia, acima de tudo, o simbolismo alegórico.

O mesmo se pode dizer do trecho em que é descrito o escudo de Eneias: Virgílio se inspira em Homero, mas modifica os pormenores. Aquiles, na *Ilíada*, possui, é certo, um escudo de fabricação divina, onde há a reprodução de cenas da vida cotidiana. O de Eneias, porém, apresenta esculpidos os grandes momentos da futura história romana.

Os deuses de Virgílio são diferentes dos de Homero. Têm uma contextura mais humana, submetem-se ao Destino e às leis que comandam o universo. As personagens humanas são construídas com mais complexidade e revelam, por vezes, características tipicamente romanas.

Dido é uma criação inesquecível, quer no momento em que exibe sua personalidade de rainha organizadora e realizadora, quer nos dias em que trava terrível luta interior, batalhando, impotente, entre o pudor e a paixão, quer quando, desesperada e já decidida a cometer suicídio, amaldiçoa o amante que parte, com palavras candentes em que se extravasam, simultaneamente, o ódio e o amor:

> Nem uma deusa é tua mãe, ó pérfido, nem Dárdano o ancestral de tua gente, mas o árido Cáucaso te gerou em suas penedias ásperas e as tigresas da Hircânia te ofereceram as tetas. Portanto, por que devo dissimular? Ou para que coisas maiores me reservo?
> Acaso sofre ele com meu pranto? Acaso baixa o olhar? Acaso, comovido, ele verte lágrimas ou tem compaixão de quem o ama?
> [...]

Vai, segue para a Itália com os ventos. Alcança teu reino pelas ondas.
Espero, entretanto, se as pias divindades podem algo, que hajas
[de sofrer
suplícios no meio dos rochedos e de invocar Dido muitas vezes,
[pelo nome.
Embora ausente, eu te acompanharei com negras tochas e
[quando a gélida
morte houver separado meus membros do espírito estarei presente,
como sombra, em todos os lugares. Sofrerás teu castigo, perverso.
Eu saberei: a Fama virá até mim, nas profundezas dos manes.

(Verg. *Aen.* IV, 365-370/381-387)

A própria personalidade de Eneias – que para alguns se afigura como inexplicável e contraditória – é compreensível em suas características. Nos primeiros livros, o chefe troiano não deixa entrever seu lado heroico. Mero joguete dos deuses, apenas obedece a ordens, sem praticamente agir. Após o retorno do Inferno, transmuda-se, adquirindo os contornos do verdadeiro herói. Parece que a atitude do poeta é intencional nessa complexidade de construção: o poema, com seu tom nacionalista e seu caráter de obra a serviço da política imperial, procura valorizar as virtudes cultuadas pelos romanos dos velhos tempos, sobretudo a piedade – a *pietas* –, ou seja, a consciente submissão aos deuses, a resignação com a própria condição, o profundo senso do dever.

O estilo de Virgílio é puro e elegante. O vocabulário é rico, preciso e pitoresco. A frase é suave e harmoniosa. A versificação é correta. O ritmo, variado em suas limitações, é adequado ao assunto explorado a cada momento. Belas imagens ponteiam o texto, no qual figuras retóricas de todos os tipos se apresentam com naturalidade, sem provocar a impressão de sobrecarga.

Apreciado por seus contemporâneos, considerado modelo no Baixo Império, lido e admirado na Idade Média, Virgílio inspirou a epopeia renascentista. Dante e Camões são os épicos modernos que, mais de perto, se deixaram influenciar pelo autor da *Eneida*.

A poesia épica pós-virgiliana

Nenhum poeta latino, após Virgílio, teve condições de compor uma epopeia que se nivelasse com a *Eneida*. Nos dias de Augusto, outros escritores se dedicaram a obras épicas: Vário Rufo escreveu *Sobre a morte* (*De morte*), epopeia de cunho filosófico; Domício Marso compôs um poema mitológico, *A guerra das amazonas* (*Amazonides*); Albinovano Pedo, além de uma epopeia mitológica, *Teseida* (*Theseis*), compôs um poema histórico sobre as guerras no Reno, em homenagem a Germânico. Também se dedicaram à épica histórica Rabírio, com *A guerra do Egito* (*Bellum Aegyptiacum*), e Cornélio Severo com *A guerra sícula* (*Bellum Siculum*), cujo herói é Otávio. Nenhum desses poemas logrou atingir a posteridade; de alguns temos pequenos fragmentos, conservados por outros autores.

Na época de Nero, um jovem poeta se dispôs, novamente, a enfrentar a epopeia histórica: Lucano (*Marcus Annaeus Lucanus* – 39-65). Conhecido por seu talento poético desde a primeira juventude, autor de numerosas outras obras – perdidas, infelizmente –, Lucano teve a audácia de abandonar a tradição virgiliana, ao escrever seu poema épico *Farsália* (*Pharsalia*) sem se utilizar de elementos mitológicos.

Embora seja uma obra inacabada, os dez livros que chegaram a ser escritos permaneceram até nossos dias. Neles o poeta narrou a guerra civil travada entre Júlio César e Pompeu e considerada como causa da queda do regime republicano em Roma. Lucano inicia o texto fazendo uma invocação a Nero. Depois de traçar o perfil dos dois generais inimigos, o poeta relata o episódio do Rubicão (Livro I). Nos demais livros encontramos narrativas do cerco de Brundísio, quando as tropas de César sitiaram as de Pompeu, obrigando-o a refugiar-se na Grécia (Livro II), do cerco de Marselha e das campanhas de César na Espanha (Livros III e IV), do cerco de Dirráquio (Livros V e VI), da campanha da Tessália e da batalha de Farsália (Livro VII), do assassínio de Pompeu no Egito (Livro VIII), dos feitos de Catão na África (Livro IX) e da guerra de Alexandria (Livro X).

Criativo e sensível, Lucano soube dar um sopro épico a seu poema, embora desprezasse os recursos comuns da epopeia, tais como as intervenções divinas e as máquinas épicas. Vivendo num momento em que a pureza clássica começava a ser substituída pela bizarria das formas, pela sobrecarga de elementos ornamentais e retóricos e pelo abuso da ênfase, Lucano não fugiu aos hábitos da época: a *Farsália* é repleta de figuras, de efeitos artificiais e de preciosismos.

Dominando a arte de escrever, recheando seu texto de belas descrições, de orações, retratos, digressões e narrativas de sonhos e prodígios, Lucano não soube, entretanto, conservar a uniformidade de tom no correr dos livros. Nos três primeiros, publicados durante a vida do poeta, nota-se certa isenção no que diz respeito à crítica ao sistema político então vigente. Nos últimos, escritos após um desentendimento com Nero – desentendimento que determinou a proibição da publicação dos livros finais, a ruptura com o imperador, a participação do poeta na conjuração de Pisão e sua condenação à morte –, percebe-se nitidamente a posição de Lucano diante do regime: exaltando o espírito republicano, encarnado em Pompeu e, sobretudo, em Catão, valorizando as virtudes que haviam sido, no passado, o apanágio do romano, o poeta combate o despotismo, a ambição e a crueldade de que Nero, sem dúvida, representava o exemplo.

Após Lucano são poucos os poetas épicos latinos dignos de menção. Na época de Vespasiano (69-79), Valério Flaco, retomando a antiga lenda de Argo, escreveu *Argonáutica* (*Argonautica*), não chegando, entretanto, a completar o poema; Sílio Itálico, inspirando-se em Tito Lívio e utilizando recursos já explorados por Virgílio, compôs, sem muito brilho e regularidade, a epopeia *Púnica* (*Punica*), poema histórico em que narra fatos ocorridos durante a segunda guerra travada entre romanos e cartagineses.

Nesse período, o poeta épico mais importante é Estácio (*Publius Papinius Statius* – 40?-96), autor de duas epopeias: a *Tebaida* (*Thebais*) e a *Aquileida* (*Achilleis*). Na primeira, composta de doze cantos, Estácio retoma o tema da guerra que se travou entre os filhos de Édipo; na segunda, inacabada, pretendeu explorar os feitos grandiosos de Aquiles. Embora Estácio fosse capaz de escrever com brilho, revelando simultaneamente sensibilidade e conhecimento de recursos de retórica, as epopeias se ressentem de falhas de composição.

Após Estácio, a poesia épica latina praticamente desaparece. Há quem considere "epopeias cristãs" a *Psicomaquia* (*Psichomachia*) de Prudêncio (348-410?), na qual vícios e virtudes travam um combate alegórico, os *Feitos da história espiritual* (*Libelli de spiritalis historiae gestis*), de Santo Avito (século V), poema sobre a criação do mundo, e a *Vida de São Martinho* (*Vita Sancti Martini*), de São Fortunato (século

VI), poema escrito ao alvorecer da Idade Média, quando o Império Romano já se fragmentara, perdendo a antiga unidade política.

Nesses textos, o caráter didático e o moralismo superam, de muito, o legítimo sopro épico.

A POESIA DRAMÁTICA: A COMÉDIA

Embora sejam relativamente poucas as informações que temos sobre a existência de formas embrionárias de teatro, em Roma, no período ainda considerado pré-literário, não se pode afirmar que o romano só tenha tido contato com as atividades dramáticas a partir do estreitamento de suas relações com a Grécia. É certo que as manifestações literárias de um teatro culto, representadas pelas comédias e pelas tragédias, começaram a surgir em Roma na segunda metade do século III a.C., como imitação da arte helênica. Antes disso, porém – e talvez muito antes –, os romanos, como de resto os povos mediterrâneos em geral, haviam desenvolvido artes elementares de representação cênica, que se manifestavam sobretudo em atividades de caráter religioso. Nas próprias cerimônias rituais que se mantiveram até a época imperial, e das quais temos farta documentação, há elementos evidentes de representação teatral. Os sacrifícios, a liturgia do matrimônio e o cerimonial fúnebre são alguns exemplos do uso de tais elementos. Por outro lado, os antigos romanos realizavam procissões religiosas nas quais se dançava e se cantava – como as dos Sálios e dos Arvais, de que nos ocuparemos mais adiante – e entoavam, em ocasiões especiais (banquetes de núpcias, comemorações sazonais, festas populares), cantos dramatizados, de caráter licencioso e grosseiro, denominados *fesceninos*.

Muitos pretendem ver nesses cantos – que chegaram a ser proibidos em algumas oportunidades, em virtude de seu tom injurioso e agressivo – uma provável origem etrusca, uma vez que a palavra *fescenino* parece provir de *Fescennia*, nome de uma cidade toscana situada em território falisco. A Etrúria era bastante afeita ao teatro, às representações mágico-religiosas e às danças. Afrescos etruscos encontrados em velhas tumbas mostram figurações de coreografias; palavras como *histrio* (histrião, ator) e *persona* (máscara), incorporadas ao vocabulário latino, são de provável origem etrusca; dançarinos etruscos estiveram em Roma, em 364 a.C., segundo relata Tito Lívio, a fim de realizarem, a pedido das autoridades, uma cerimônia propiciatória.

Essa cerimônia foi de grande importância para o desenvolvimento das atividades teatrais. Grassava, nessa época, uma epidemia e, sem saberem o que fazer para debelar a doença, os cônsules instituíram jogos cênicos a fim de que fosse invocada a proteção dos deuses. Os dançarinos etruscos foram convidados a realizar uma sessão de danças gestuais, acompanhadas de música de flauta. Após o espetáculo, os jovens romanos passaram a imitar os dançarinos, mesclando cantos e brincadeiras satíricas a danças gestuais. Nasceu, então, a *satura*, possivelmente a primeira manifestação do teatro romano propriamente dito.

Para que se chegasse, porém, à produção dramática literária que caracterizou a segunda metade do século III a.C. e a primeira metade do século II, foi necessário que Roma tomasse contato com as farsas tarentinas – paródias obscenas representadas por atores mascarados, das quais a pintura em vasos nos dá uma ideia –, com a comédia siciliana, o mimo e, finalmente, os textos trágicos da antiga Grécia e a chamada *comédia nova*.

O teatro literário se inicia em Roma, ao que se sabe, em 240 a.C. Alguns anos antes, durante os Jogos Romanos que se realizavam anualmente em honra de Júpiter, no começo de setembro, os romanos haviam tido oportunidade de assistir a um drama grego, representado por ocasião da visita do rei Hierão I. Só em 240 a.C., porém, ao comemorar-se o primeiro aniversário da primeira guerra púnica, com a vitória dos romanos sobre os cartagineses, é que o povo vai ter a possibilidade de assistir a uma peça representada em latim.

Para que isso se desse, foi preciso que os edis responsáveis pelo espetáculo encomendassem a Lívio Andronico – que traduzira anteriormente a *Odisseia* – a tradução de um texto dramático a ser representado durante a realização de "Jogos" comemorativos. Não se sabe qual foi o texto traduzido, nem ao menos a que gênero dramático se prendia. Sabe-se, porém, que a peça foi coroada de êxito e que o poeta, transformando-se num verdadeiro homem de teatro, passou a acumular funções de ator, diretor de cena e autor e traduziu (ou adaptou, talvez), a partir desse momento, vários outros textos gregos trágicos e cômicos.

Das tragédias que ele compôs há um ou outro escasso fragmento; das comédias nada permaneceu: os próprios títulos são incertos; hesita-se entre *Virgus* (*A varinha*) e *Virgo* (*A donzela*) e entre *Ludius* (*O dançarino*) e *Lydius* (*O homem da Lídia*); apenas em relação a *Gladiolus* (*A espadinha*) não parece haver maior dúvida: ao que tudo indica, tratava-se de uma comédia inspirada numa obra de Filemão, cujo assunto girava em torno de um dos célebres soldados fanfarrões, tão frequentes na comédia helênica.

Cícero e Horácio criticam com certo rigor a comédia de Lívio Andronico. Foi ele, entretanto, um desbravador de caminhos que abriu possibilidades a numerosos sucessores: Névio, Ênio, Plauto, Cecílio e Terêncio, entre outros.

Da obra dramática de Névio e Ênio também não há muita coisa a ser dita. Há alguns fragmentos das tragédias que escreveram; das comédias, porém, só restaram títulos. Névio escreveu 33 peças cômicas, entre as quais *A mocinha de Tarento* (*Tarentilla*) e *O charlatão* (*Ariolus*). Quanto a Ênio, sabe-se apenas que compôs uma comédia intitulada *O pequeno albergue* (*Caupuncula*).

Como seus continuadores, Lívio Andronico, Névio e Ênio se inspiraram na *comédia nova*, modalidade teatral que se desenvolveu na Grécia a partir das três últimas décadas do século IV a.C., tendo como principais representantes Menandro, Dífilo e Filemão.

A *comédia nova* tem por assunto fatos corriqueiros e engraçados, ocorridos entre pessoas pertencentes às mais variadas classes sociais. É uma comédia de costumes, que explora, sobretudo, o amor contrariado que, após algumas peripécias vividas pelas personagens, consegue triunfar, num final feliz. Distingue-se da *comédia antiga*, que, desenvolvendo-se no século V a.C., teve Aristófanes como principal representante e cujas características eram a agressividade, a sátira pessoal, os ataques a figuras conhecidas da sociedade, o tom político; diferencia-se também da *comédia média*, cultuada por Antífanes e Aléxis, no início do século IV a.C., e caracterizada pela utilização de temas mitológicos.

Baseando-se nos textos compostos pelos autores que se dedicaram à *comédia nova*, os comediógrafos romanos praticaram não raro a "contaminação" (*contaminatio*), fundindo numa única peça duas ou mais obras gregas.

As histórias desenroladas nas comédias latinas se passam, em geral, em cidades da Grécia; as personagens têm nomes gregos e as próprias roupas utilizadas pelos atores imitavam as vestes helênicas. Daí o qualificativo de *paliata* (*palliata*) conferido a tal espécie de comédia: o pálio (*pallium*), usado pelos atores principais, era uma espécie de manto, muito comum na Grécia.

Os *tipos* frequentes na comédia romana representam também uma herança grega: a jovem raptada por piratas e submetida à exploração de um mercador-proxeneta (*leno*); o soldado que parte para o Oriente e retorna com incríveis histórias; o parasita que se apega a um protetor e passa a viver a expensas deste; os escravos estrangeiros, as flautistas, os músicos.

As comédias latinas têm estrutura interna semelhante à das helênicas, mas não possuem coros; apresentam partes faladas (*diuerbia*), geralmente em metros jâmbicos, e partes cantadas (*cantica*), nas quais os versos deveriam ser adequados à melodia, o que talvez seja herança da *satura* primitiva. Embora houvesse, usualmente, um prólogo, as comédias não eram divididas em atos, só vindo a sofrer tal divisão muito mais tarde.

Dessa época, chegaram até nossos dias as comédias de Plauto e as de Terêncio. Perderam-se as de Cecílio, escritor gaulês que viveu em Roma no início do século II a.C., delas restando apenas cerca de quarenta títulos.

As comédias de Plauto

A exemplo de Lívio Andronico, Plauto (*Titus Maccius Plautus* – 250?-184? a.C.) foi também um verdadeiro homem de teatro, desempenhando simultaneamente todas as funções relacionadas com a arte cênica.

Atribuiu-se a ele a autoria de mais de cem comédias – o que jamais veio a ser comprovado. Vinte e uma resistiram até nossa época, conservando-se quase na íntegra e tendo, até hoje, alguma atualidade: *Anfitrião* (*Amphitruo*), *Os burros* (*Asinaria*), *A marmita* (*Aulularia*), *As Báquides* (*Bacchides*), *Os prisioneiros* (*Captiui*), *Cásina* (*Casina*), *O cofre* (*Cistellaria*), *O gorgulho* (*Curculium*), *Epídico* (*Epidicus*), *Os Menecmos* (*Menaechmi*), *O mercador* (*Mercator*), *O soldado fanfarrão* (*Miles gloriosus*), *O fantasma* (*Mostellaria*), *O persa* (*Persa*), *Psêudolo* (*Pseudolus*), *A corda* (*Rudens*), *Estico* (*Stichus*), *O trinumo* (*Trinummus*), *Truculento* (*Truculentus*), *A valise* (*Vidularia*) e *O cartaginês* (*Poenulus*).

Anfitrião, *Os Menecmos* e *A marmita* estão entre as mais conhecidas.

Em *Anfitrião*, Plauto se vale da lenda mitológica que envolve o nascimento de Hércules, construindo uma trama em que Júpiter, apaixonado por Alcmena, esposa de Anfitrião, adquire as feições do marido ausente e seduz a bela mulher. O resultado é uma série de engraçadas confusões. Mesclam-se na comédia cenas burlescas e sérias, conferindo-lhe foros de tragicomédia. São numerosos os trechos cantados. Desfrutando de grande popularidade, graças, em parte, ao erotismo implícito, a peça de Plauto serviu de modelo para Camões (*Auto dos Enfatriões*), Molière (*Anfitrião*), Antonio José da Silva (*Anfitrião ou Júpiter e Alcmena*) e Guilherme Figueiredo (*Um deus dormiu lá em casa*), entre muitos outros.

Os Menecmos é uma comédia em que também se explora a confusão provocada pela semelhança de pessoas: Menecmo, um jovem de Siracusa, chega a Epidano após ter percorrido toda a Grécia à procura de um irmão gêmeo, desaparecido na infância, em Tarento. Ao desembarcar em Epidano, onde vivia o irmão, começa a ser confundido com ele pelas pessoas que ali residiam (a amante do irmão, a esposa, o parasita). Há uma série de engraçados quiproquós que levam, finalmente, ao conhecimento da verdade. Nessa peça se baseou Shakespeare ao escrever *A comédia dos erros*.

A marmita é, simultaneamente, uma comédia de intriga e de personagem. É a história de um velho avarento, Euclião, que encontra na lareira de sua casa uma marmita cheia de moedas de ouro, ali escondida anos atrás por seu avô. Euclião oculta seu achado no templo da Boa-Fé, mas a marmita é descoberta pelo escravo de Licônides, jovem rico e de boa família que seduzira, alguns meses antes, a filha do avarento. Ao saber que seu próprio tio pedira a moça em casamento, Licônides resolve reparar seu erro, desposando-a. O escravo devolve a marmita a Euclião e este a oferece aos jovens namorados. Embora algumas partes estejam perdidas, a comédia revela o virtuosismo de Plauto no manejo dos mais diversos recursos cômicos: ação, gestualidade, linguagem, quiproquós, etc. *A marmita* inspirou a conhecida peça de Molière, *O avarento*, bem como *O santo e a porca*, de Ariano Suassuna.

Além dessas comédias – importantes em si mesmas e também pela influência que exerceram sobre a dramaturgia posterior –, algumas outras devem ser mencionadas pelas qualidades que apresentam.

O cofre, *A corda*, *A valise* e *O gorgulho* são peças curiosas nas quais jovens raptadas na infância descobrem a identidade graças a elementos indicadores, tais como joias e outros objetos; *Estico* e *Psêudolo* põem em realce as figuras de escravos espertos e trapalhões, mas devotados a seus jovens amos; *O soldado fanfarrão* – comédia que inspirou *A ilusão cômica*, de Corneille – extrai sua comicidade das cenas em que um militar a serviço do rei da Síria se vê enganado por seus companheiros.

O persa tem aspectos que lembram os mimos: é uma comédia movimentada, cheia de cantos e danças exóticas; embora o enredo seja comum (um escravo disfarçado em oriental vende uma moça livre a um mercador e este é obrigado a arcar com o prejuízo), Plauto se utiliza de grande quantidade de expressões burlescas e injuriosas, que provocam, evidentemente, o riso. A comédia *Os prisioneiros* se diferencia das demais pela ação, pelas personagens e pela linguagem: não há intriga amorosa e cenas de maroteira, nem personagens-tipo, frequentes nas outras obras, tais como mercadores de escravas, parasitas e soldados fanfarrões. A linguagem é sóbria, sem os trocadilhos grosseiros que caracterizam outras comédias. O enredo gira em torno da figura de Hegião, pai de um jovem que fora aprisionado na guerra da Etólia. O velho compra dois escravos para trocá-los pelo jovem prisioneiro. Um deles, entretanto, é outro filho de Hegião, que fora raptado por piratas, na infância.

Muitos são os méritos de Plauto, como dramaturgo. Apesar de não dispormos dos textos gregos que lhes serviram de modelo – quase nada da *comédia nova* resistiu ao impacto do tempo –, há elementos indiscutivelmente originais nas peças. É certo que os assuntos e os cenários são gregos; há, porém, um processo de romanização nas comédias: costumes romanos são evocados a todo momento; deuses latinos coexistem com divindades gregas; algumas personagens têm os nítidos traços de personalidade que caracterizam o povo romano. Temos, em *A marmita*, exemplos excelentes desse processo: o prólogo é recitado pelo deus Lar, a divindade protetora da família romana, sem similar na teogonia helênica; há referências ao costume romano de distribuir-se, na cúria, moedas de prata aos cidadãos pobres; a marmita contendo ouro é escondida no templo da Boa-Fé, outra divindade autenticamente latina; uma das personagens, a velha Eunômia, tem a energia e a autoridade de uma típica matrona romana.

Os prólogos de Plauto são originais. Além de haver ele concebido um tipo de prólogo que podemos considerar "didático", no qual se oferecia ao público um resumo da peça a ser representada, para melhor entendimento, temos neles, por vezes, interessantes informações. Em *O cartaginês*, por exemplo, o ator que recita o prólogo faz referências ao público que frequentava o teatro:

> Estou com vontade de imitar o *Aquiles* de Aristarco:
> Vou usar o mesmo começo daquela tragédia:
> "Façam silêncio, calem-se e prestem atenção:
> quem ordena que vocês ouçam é o rei de Histri...onice".
> Sentem-se em seus bancos com boa disposição de espírito:
> tanto os que não comeram como os que estão de barriga cheia.
> Os que comeram, agiram com a cabeça;
> Os que não comeram, que se fartem, agora, com a comédia.
> Quem tinha o que comer, puxa vida!
> foi burrice ter vindo sem comer.
> Vamos, anunciador, mande o pessoal prestar atenção.
> Faz horas que estou esperando que você faça a sua parte.
> Use sua voz; é ela que lhe dá meios de vida e comida.
> Se você não falar, morrerá de fome, calado.
> [...]

> E vocês, agora, observem minhas ordens:
> que nenhuma prostituta se sente aqui na frente,
> [...]
> que os escravos não ocupem o lugar dos homens livres,
> [...]
> que as amas cuidem das crianças pequenas em casa,
> em vez de trazê-las para verem o espetáculo;
> assim elas não precisam sentir sede, as crianças não morrem de fome
> e não berram aqui, como cabritos desmamados;
> que as senhoras vejam o espetáculo em silêncio, que
> riam silenciosamente,
> e que saibam moderar, aqui, o ruído de suas vozes esganiçadas;
> que elas tagarelem em casa para que, ao menos aqui,
> não irritem os homens como fazem quando estão em casa.
>
> (Pl. *Poen.* 1-35)

Plauto não se descura de nenhum dos recursos que possam produzir hilaridade, provocando gargalhadas. A intriga é engraçada, havendo comédias, como *A marmita*, *Epídico*, *O trinumo*, em que duas intrigas se cruzam. A ação dramática é cuidada, cheia de surpresas e reviravoltas. O cômico de gestos é insinuado constantemente, sobretudo nas cenas de correria e pancadaria. As palavras que o escravo Estrobilo dirige ao velho avarento, em *A marmita*, sugerem os gestos que acompanham as falas:

> Que loucura é esta? O que é que eu tenho com vocês?
> Por que maltratar-me desse jeito?
> Por que você me puxa? Por que me bate?
>
> (Pl. *Aul.* 632-633)

As personagens muitas vezes são construídas especialmente para produzirem o riso; daí seu caráter frequentemente caricatural. Os escravos merecem especial atenção do escritor. Embora exageradas, as figuras de Plauto têm personalidade própria. Por essa razão estranha-se que em *Cásina* os figurantes se assemelhem a fantoches – fato explicável, no entanto, se considerarmos a obra em questão como uma espécie de sátira contra a obscenidade.

A linguagem de Plauto é extremamente trabalhada como recurso cômico em si. Manejando a língua, o escritor se vale de todas as oportunidades para demonstrar sua capacidade de comediógrafo hábil em fazer rir. Os nomes das personagens são muitas vezes estranhos e engraçados: Filopólemo, Engásilo, Estalagmo (*Os prisioneiros*); Terapontígono (*O gorgulho*); Agorástocles, Anterástila, Antemônides, Colibisco, Sincerasto (*O cartaginês*); Artótrago, Pirgopolinice (*O soldado fanfarrão*). Neologismos e helenismos ponteiam o texto, provocando efeitos engraçados. Em *O cartaginês*, Plauto insere numerosas frases em idioma púnico, provavelmente desconhecido, mas excelente como recurso cômico, graças à presença de combinações fônicas inusitadas.

Grande parte desses recursos se perde na tradução. Dificilmente podem ser mantidas, em outro idioma, as aliterações colidentes, as repetições cheias de comicidade, os trocadilhos espirituosos, maliciosos, muitas vezes, responsáveis por expressivo número de confusões.

Todos esses elementos, combinados, garantiram a Plauto a popularidade e o sucesso de que desfrutou, o renome que veio a ter mais tarde e a fama duradoura que o acompanhou, estendendo-se à posteridade.

As comédias de Terêncio

Bastante diferentes das de Plauto, as comédias de Terêncio (*Publius Terentius Afer* – 185?-159 a.C.) são mais sutis, mostrando que foram escritas para um público refinado e culto. Embora fosse Terêncio um estrangeiro – seu próprio nome revela origem africana –, embora tivesse vindo a Roma como escravo e se iniciasse muito cedo na vida literária, com menos de vinte anos, as seis comédias que escreveu testemunham sua habilidade e talento. Como Plauto, Terêncio se inspira na *comédia nova*, praticando a *contaminatio* com certa liberdade; como Plauto, dedica-se à composição de *palliatae* e assume, também, no trabalho teatral, as funções múltiplas de autor, ator e diretor de cena. As características das peças dos dois autores, todavia, são bastante diferentes. Enquanto Plauto escreve comédias movimentadas, cheias de correrias, atropelos e cenas de pancadaria, Terêncio dá preferência a uma ação mais tranquila; não faltam, porém, em suas comédias, peripécias dramáticas e aventuras galantes. Os prólogos de ambos se diferenciam em sua própria estrutura: os de Plauto contêm, quase sempre, um resumo da peça a ser representada (necessário, evidentemente, dado o nível cultural do público a que se destinava); os das comédias de Terêncio são verdadeiros manifestos pessoais, não se tendo certeza se teriam, realmente, sido escritos pelo comediógrafo. O estilo e a linguagem dos dois escritores também apresentam peculiaridades inconfundíveis. A língua de Terêncio se aproxima da de Plauto no que diz respeito à presença de traços arcaizantes, mas não se observam nas obras daquele a superabundância de recursos cômicos obtidos a partir de uma utilização especial de significantes e significados. Apesar de um pouco maneiroso, o estilo de Terêncio é polido e elegante. Os vulgarismos e trocadilhos que arrancavam gargalhadas dos espectadores das comédias de Plauto são substituídos, nas peças de Terêncio, por figuras de estilo frequentes, mas que não chegam a comprometer o tom coloquial da linguagem.

No que se refere às personagens, Terêncio trabalha com as figuras tradicionais da *comédia nova*: velhos, jovens, escravos, cortesãs, mercadores. Consegue, porém, dar-lhes características próprias, analisando-as psicologicamente e afastando-se dos *tipos* meramente convencionais.

O *tom* romano que impregna as comédias de Plauto desaparece em Terêncio, cujas peças são helenizadas ao extremo. Os próprios títulos das comédias são em grego: *Andria* (*A moça de Andros*), *Adelphoe* (*Os irmãos*), *Hecyra* (*A sogra*), *Eunuchus* (*O eunuco*), *Heautontimoroumenos* (*O autopunidor*), *Phormion* (*Fórmio*). As intrigas são pouco variadas. A predileção de Terêncio recai sobre histórias de belas escravas pelas quais se apaixonam jovens de boa família, contra a vontade dos parentes. Após algumas peripécias, descobre-se que as moças são livres e realiza-se o casamento.

A história, entretanto, é muitas vezes apenas um ponto de partida para reflexões de diversas ordens que conferem ao texto um tom moralizante. É o caso de *Os irmãos*, por exemplo, comédia considerada pela crítica como uma das melhores do autor, com a intriga bem conduzida, o diálogo vivo e a linguagem variada. No decorrer dos episódios que a compõem, tomamos contato com dois velhos irmãos, um dos quais entregara ao outro um de seus dois filhos, para que ele o criasse. Os velhos encaram a educação de forma totalmente diferente. O pai dos jovens vive no campo e dá ao filho que permaneceu com ele uma educação severa e rígida; o outro velho, solteirão, vive na cidade e educa o sobrinho com extrema liberalidade. O rapaz, que mantinha relações com uma moça pobre, ajuda o irmão a raptar uma citarista, assume a responsabilidade do ato e desentende-se, por essa razão, com os familiares da namorada. As coisas se esclarecem com a ajuda do tio e a peça, como não podia deixar de ser, termina bem. Comédia simultaneamente de costumes, de caracteres e de intriga, *Os irmãos* mostra-nos, ao lado de cenas engraçadas, momentos em que a amizade sincera – capaz até mesmo de censurar – se une à delicadeza de sentimentos e à comicidade. O monólogo abaixo, no qual o velho Micião se dirige ao filho adotivo, procurando fazê-lo ver os erros cometidos e aconselhando-o, mostra-nos o bom senso do ancião que sabe agir com firmeza, mas também com carinho e amor:

> Eu conheço seu bom caráter,
> mas estou com medo de que você seja relaxado demais.
> Em que cidade você pensa que vivemos?
> Você abusou de uma moça na qual não tinha o direito de tocar.
> Foi um erro grave, mas errar é humano. Outros já
> fizeram isso e eram honestos. Já que a coisa está feita, tudo bem.
> Mas você chegou a refletir sobre isso? Chegou a questionar-se
> sobre o que fazer, como fazer? Se você ficou com vergonha
> de falar comigo,
> como eu poderia ficar sabendo? Enquanto ficou hesitando
> dez meses se passaram. Você enganou sua própria pessoa,
> essa infeliz e a criança, que dependiam de você.
> O que é isso? Você pensou que os deuses iriam
> preparar tudo, enquanto você dormia?
> E que ela iria para sua casa, sem que você fizesse nada?
> Eu não gostaria de ver você continuar assim, desligado de tudo.
> Mas você tem bom coração. Vai casar-se com ela.
>
> (Ter. *Ad.* 684-896)

A comédia *togata* e *tabernaria*

Terêncio foi o último comediógrafo importante que se dedicou à *palliata*. Na sua época vinha-se desenvolvendo, em Roma, um novo tipo de comédia, de assunto romano – a comédia *togata*, assim denominada porque nela as personagens masculinas de nível social mais elevado se vestiam com a toga, a indumentária, por excelência, do romano. Entre os principais representantes dessa modalidade de comédia podemos lembrar Titínio e Afrânio, escritores que viveram no século II a.C. e de cujas obras há alguns fragmentos.

A comédia *togata*, no final do século II a.C., cede o lugar a uma forma inferior, a comédia *tabernaria*, que explora acontecimentos passados em tabernas, frequentadas por pessoas de classes sociais humildes. A *tabernaria* pode ser considerada como a última manifestação da comédia latina. Seu lugar vai ser ocupado por outras modalidades teatrais que, vindas do passado, assumem dimensões literárias no século I a.C. e resistem até a época imperial: a atelana e o mimo.

A atelana

Originária, ao que tudo indica, da cidade osca de Atela, a atelana era, no início, uma espécie de farsa popular, vivida por personagens fixas, burlescas e características: *Maccus*, o comilão de orelhas grandes, sempre infeliz em seus casos de amor; *Bucco*, o parasita tagarela; *Pappus*, o velho namorador; *Dossenus*, o corcunda espertalhão.

Aparentada com o drama satírico, com a hilarotragédia e com a farsa tarentina, a atelana era representada por personagens mascaradas – os ancestrais, por assim dizer, da famosa *commedia dell'arte*. Vazada, inicialmente, em linguajar rústico, a atelana se intelectualiza, aos poucos, assumindo dimensões literárias no começo do século I a.C., quando Nóvio e Pompônio compõem textos para as representações.

O mimo

Originário da Grécia, o mimo se desenvolveu na Itália e foi considerado como uma das primeiras formas do primitivo teatro latino. Caracterizando-se pela presença do gesto mímico, da expressão corporal e da dança – elementos com os quais se representam ações caricaturadas –, o mimo encontrou expressão literária no século I a.C., com Labério e Publílio Siro, tornando-se, na época de Augusto e durante toda a primeira metade do século I de nossa era, uma das principais formas de entretenimento teatral do romano.

Contribuía grandemente para isso a licenciosidade dos ditos e as danças lascivas executadas sobretudo por mulheres, algumas vezes completamente nuas. A *nudatio mimarum* (desnudamento das mimas) era frequentemente exigida pelo público. As cenas mais escabrosas eram também as mais aplaudidas.

O mimo dá origem a duas outras formas teatrais que, na época imperial, acabam por substituí-lo: a pantomima, representada por atores mascarados e versando sobre assuntos mitológicos ou extraídos da realidade, cômicos ou sérios, e o arquimimo, espetáculo grandioso e imponente, no qual se representavam histórias complexas, com grande número de personagens, e cuja parte musical ficava a cargo de um coro e uma orquestra.

A POESIA DRAMÁTICA: A TRAGÉDIA

Assim como ocorreu com a epopeia e com a comédia, a tragédia latina também se originou da grega, baseando-se em um modelo que se constituía no produto final de uma longa evolução.

Muito já se discutiu sobre a origem da tragédia helênica. Em que pese o fato de diversas opiniões em torno desse assunto se controverterem, não se tem mais dúvida de que a tragédia grega, de cunho acentuadamente religioso, representa a transformação e o aperfeiçoamento do ditirambo – cântico coral entoado por grupos, durante certas festividades em honra dos deuses. A alternância entre um cantor único e o coro marcou, provavelmente, o aparecimento do primeiro embrião de tragédia – embrião que ganhou estatura própria no momento em que, em certas passagens, um ator substituiu o cantor, recitando um texto e "representando" por meio de gestos e movimentos. Com o passar do tempo, a tragédia se fixou em sua estrutura formal. Desenvolvendo temas mitológicos e, vez por outra, históricos, apresentando um enredo em que se desenrola e progride uma ação, a tragédia passou a constituir-se de episódios vividos por atores, alternados ou mesclados com cânticos corais. No século V a.C., a tragédia grega atingiu seu apogeu com os textos de Ésquilo, Sófocles e Eurípides. No século IV a.C., ao escrever a *Poética*, Aristóteles compôs uma verdadeira teoria da tragédia, definindo-lhe os traços essenciais.

Em Roma, como já se disse, até 240 a.C. nada fora produzido que se assemelhasse ao que a Grécia já havia feito em matéria de teatro. Nesse ano, os romanos foram brindados com um espetáculo teatral que consistiu na apresentação de uma peça – não se sabe se tragédia ou comédia – traduzida do grego.

Lívio Andronico, o liberto tarentino que traduzira a *Odisseia*, se encarregou desse mister, divulgando em Roma, na prática, os princípios que norteavam o teatro helênico. Após esse primeiro trabalho, dedicou-se inteiramente ao teatro. Traduziu ou adaptou comédias e tragédias, restando destas últimas alguns fragmentos de pouca importância. A linguagem de Lívio Andronico é pouco harmoniosa e seu estilo desigual. Suas tragédias, porém – *Aquiles* (*Achilles*), *Andrômeda* (*Andromeda*), *Ájax* (*Aiax*), *Dânae* (*Danae*), *O cavalo de Troia* (*Equus troianus*), *Egisto* (*Aegisthus*), *Hermíone* (*Hermione*), *Ino* (*Inos*) e *Tereu* (*Tereus*) –, puseram os romanos em contato com o teatro grego e abriram portas para seus sucessores.

Embora tivessem sido muitos os escritores latinos que se dedicaram à produção de tragédias nesse período literário, nenhuma permaneceu, na íntegra, até nossos dias; os fragmentos supérstites, porém, permitem que se façam algumas observações sobre elas. Por meio deles sabemos que o estilo de Névio deixa entrever certa rudeza primitiva; que os textos de

Ênio se caracterizam pelo tom declamatório e filosófico; que Pacúvio (220-130 a.C.) se utilizava da linguagem solene e grandiosa, buscando, com frequência, efeitos patéticos, enquanto Ácio (170-86 a.C.) possuía grande capacidade descritiva e explorava amiúde temas de heroísmo a terror.

Da época de Cícero (80-43 a.C.) e da de Augusto (43 a.C.-14 d.C.), embora numerosos escritores tivessem composto peças trágicas – Cássio, Quinto Cícero, Balbo, Vário Rufo, Ovídio, Mamerco Escauro, Pompônio Segundo –, pouca coisa se preservou para a posteridade: versos esparsos, uma ou outra notícia, alguma referência curiosa. No século I d.C., em compensação, surge em Roma um punhado de tragédias que não apenas conseguem atravessar os séculos, perdurando até hoje, como vão exercer profunda influência sobre a literatura dramática que se produzirá depois. São as tragédias de Sêneca, o filósofo, a figura mais significativa das letras latinas da época dos príncipes júlio-claudianos.

As tragédias de Sêneca

Dotado de grande talento, dono de invejável formação cultural, sensível e brilhante, Sêneca (*Lucius Annaeus Seneca* – 4 a.C.?-65 d.C.) compôs tragédias inspiradas em modelos helênicos, sobretudo nas peças de Eurípides. Uma delas, *As fenícias* (*Phoenissae*), encontra-se incompleta. É provável que o próprio autor não tenha chegado a terminá-la. Talvez os dois longos fragmentos que restam – aos quais se atribuiu o título – nem sequer fizessem parte do mesmo texto, uma vez que não existe nenhuma sequência entre eles: no primeiro há um diálogo entre Édipo, que fugia da pátria, e Antígona, que procura consolá-lo; no segundo Jocasta expõe a uma das filhas o penoso drama que vive: prepara-se para presenciar a luta de morte que se travará entre seus dois filhos.

As demais tragédias conservaram-se praticamente na íntegra. *Hércules no Eta* (*Hercules Oetaeus*), texto atribuído a Sêneca, no qual se focaliza o ciúme de Dejanira e a morte de Hércules, no monte Eta, tem sido objeto de controvérsias em relação à autoria. *A loucura de Hércules* (*Hercules furens*) explora o enlouquecimento do herói e a trágica e cruel morte de seus filhos e da esposa, por ele executados. Três tragédias se ocupam de lendas avulsas, mas bastante exploradas pela literatura: *Édipo* (*Oedipus*), inspirada no *Édipo-Rei* de Sófocles e bastante próxima da fonte grega, relata a desgraça que acomete o rei de Tebas quando este se cientifica dos crimes hediondos que cometera involuntariamente; *Fedra* (*Phaedra*) nos coloca diante da rainha cretense, violentamente apaixonada pelo enteado, causando-lhe a perdição e a morte; *Medeia* (*Medea*) mostra-nos o desvario da princesa-feiticeira que, desprezada pelo amante, dele se vinga assassinando os filhos. As três restantes focalizam histórias que têm por personagens membros da amaldiçoada família do Pelópidas: *Tiestes* (*Tyestes*) narra-nos uma lenda brutal – a do terrível Atreu, que, para punir o irmão, mata-lhe os filhos e lhe serve a carne das crianças num macabro banquete de "confraternização"; *As troianas* (*Troades*) e *Agamêmnon* (*Agamemnon*) se valem do material lendário oferecido pela chamada *saga troiana*: em *As troianas* acompanhamos a série de infortúnios enfrentados pelas sobreviventes de Troia, ao terminar a guerra; em *Agamêmnon* nos defrontamos com a história do rei de Micenas, que, ao retornar ao lar, encontra a morte, planejada pela própria esposa.

Por vezes se atribui também a Sêneca a composição de *Otávia* (*Octavia*), a única tragédia romana de assunto histórico a ter subsistido até hoje. A crítica, todavia, geralmente a considera como obra apócrifa.

Sêneca é o último autor dramático romano a desfrutar de importância literária, embora suas tragédias, escritas talvez mais para a leitura do que para a representação, se ressintam de certa falta de teatralidade.

No século I de nossa era, o teatro nos moldes clássicos já não atraía tanto o espectador. Os mimos, com sua leveza e alegria, com danças, música, presença de mulheres e cenas de nudez, eram muito mais apreciados do que as antigas comédias e as austeras tragédias. Além disso, os espetáculos circenses, grandiosos e violentos, expandiam-se cada vez mais, disputando com o teatro a preferência do público.

Sêneca escreveu peças possivelmente para serem lidas em sessões públicas, frequentadas por uma elite familiarizada com os velhos mitos e habituada com textos em que os aspectos retóricos eram valorizados acima de tudo.

Inspiradas nas tragédias áticas e revelando por vezes a utilização de processos de "contaminação", as peças de Sêneca revelam, contudo, muitos traços de originalidade. Em *As troianas*, por exemplo, a ocultação do menino Astíanax no túmulo do próprio pai – pretexto para o desenvolvimento de lances patéticos de indiscutível força dramática – é uma criação senequiana de grande efeito; também podem ser consideradas como soluções originais encontradas pelo trágico de Roma a confissão de amor, feita por Fedra a Hipólito, em *Fedra*; a delação da ama, na mesma tragédia, acusando o jovem de pretender violentar a madrasta; a interpelação feita ao espírito de Laio, em *Édipo*; o expediente utilizado por Medeia, ao matar os filhos diante de Jasão.

No que diz respeito à progressão da ação, as peças de Sêneca se diferenciam das gregas. Enquanto estas são bastante movimentadas, as latinas são, até certo ponto, estáticas, fato que reforça a impressão de que foram escritas para a declamação e não para a encenação teatral propriamente dita. À falta de movimentação se acrescenta a ausência de clímax. Na maioria dos casos, a situação é crítica desde o início; a catástrofe não ocorre como algo inesperado, mas como realização de uma previsão.

Cenas de horror e de violência ponteiam as tragédias de Sêneca, fato que provavelmente tornaria difícil a representação. É o caso do assassinato dos filhos do herói, em *A loucura de Hércules*; do sacrifício de animais, em *Édipo*; e do lançamento do cadáver da criança do alto do terraço, em *Medeia*.

Sêneca não se preocupa com o decoro convencional nem com o bom gosto e a costumeira conveniência: em *As troianas*, as mulheres arrancam as vestes, desnudando o busto; em *Fedra*, os pedaços mutilados do corpo de Hipólito são colocados à frente de Teseu e, por conseguinte, do público também.

Um dos maiores méritos do escritor reside na construção das personagens. Sêneca é mestre na arte de compor figuras dotadas de grande vigor. O acento intencional dos traços de personalidade faz com que algumas das personagens se assemelhem a grandiosas caricaturas trágicas. Há especial cuidado na caracterização de figuras femininas. Mégara, em *A loucura de Hércules*, perplexa diante do comportamento inexplicável do esposo, Medeia e Fedra nas tragédias homônimas, debatendo-se nas garras da paixão, Andrômaca, em *As troianas*, dividindo-se entre os deveres de mãe e a lembrança de um amor ardente, Jocasta em *As fenícias*, torturada pelo ódio recíproco que se instalou no íntimo de seus filhos, são figuras inesquecíveis, cada uma com seus atributos próprios e com os contornos peculiares, decorrentes da força da construção.

Um dos traços que caracterizam as figuras de Sêneca é a luta que se lhes trava, no mundo interior, entre a razão e as paixões. Enquanto na tragédia helênica, em geral, o homem se dobra ao destino, submetendo-se à vontade superior dos deuses sem ter condições de escapar do caminho que lhe foi traçado de antemão, na tragédia latina o herói tem liberdade de escolher. A catástrofe não é provocada por forças estranhas ao ser humano, exteriores e superiores. Desencadeia-a o próprio homem no momento em que cede às paixões e repudia a razão.

Tiestes, *Fedra* e *Medeia* exemplificam, por meio de seus protagonistas, essa peculiaridade do herói senequiano.

Atreu, em *Tiestes*, tem consciência do crime que vai cometer. Sabe quais são as consequências de seus atos e não recua. Exorta-se a si próprio, com palavras inflamadas:

> Para a frente, espírito meu, realiza aquilo que jamais, no futuro,
> [alguém
> aprovará, mas sobre o que ninguém se calará. É necessário ousar
> [um crime
> atroz, sangrento, um crime que meu irmão preferiria que fosse
> [cometido
> por suas mãos. Não se vinga um ultraje a não ser ultrapassando-o.

(Sen. *Thy.* 192-195)

Fedra procura desculpar seu amor pecaminoso, responsabilizando Vênus e Cupido, inimigos de sua raça. A ama, porém, a quem a rainha confessa a paixão que a vitima, responde-lhe em tom incisivo, como se quisesse fazê-la cair em si:

> Foi o desejo vil, enlouquecido pelo vício, que imaginou
> que o Amor era um deus; e para que pudesse ser mais livre
> atribuiu à paixão a natureza de uma falsa divindade

(Sen. *Phae.* 195-197)

Medeia, em um dos solilóquios, revela a luta que se trava em seu íntimo e a firme resolução ali gerada:

> Minha mente tumultua em seu íntimo desgraças selvagens,
> desconhecidas, horríveis, capazes de fazer tremer
> tanto o céu como a terra.
> [...]
> Arma-te com teu ódio e prepara-te para a destruição
> com todo o teu furor.
> [...]
>   Arranca de ti agora essa indecisão covarde.
> O lar que nasceu de um crime com um crime deverá ser deixado.
>
> (Sen. *Med.* 45-47; 51-52; 54-55)

Esmerando-se nesse mister, Sêneca toma cuidado em caracterizar também as personagens mortas, quer surjam no texto como fantasmas presentes (é o caso de Tântalo, em *Tiestes*, e de Tiestes, em *Agamêmnon*), quer como fantasmas apenas mencionados (Aquiles e Heitor em *As troianas*; Laio, em *Édipo*). É um traço de Sêneca que exercerá grande influência sobre a dramaturgia inglesa que se desenvolverá a partir do Renascimento: bastante conhecidos são os fantasmas de Shakespeare.

Os cânticos corais que entremeiam os episódios das tragédias senequianas são bastante diferentes dos coros presentes nas peças gregas. Enquanto estes tinham estrutura adequada à movimentação coreográfica, os cânticos de Sêneca são autênticos poemas líricos, metrificados como tais, nos quais ora se discute um assunto, ora se narra um fato ou se faz um pedido.

A linguagem de Sêneca é bem característica da época em que o dramaturgo viveu. Tem traços acentuadamente retóricos, o que lhe confere, ao lado da solenidade própria do gênero, um tom artificial e, por vezes, pedante. Mestre da língua e conhecedor profundo do material que reelabora, Sêneca se vale, a todo momento, de figuras de todos os tipos: aliterações, repetições, antíteses, alusões, imprecações, metáforas, metonímias; utiliza-se, também, da grande diversidade formal que a frase latina podia apresentar. À extensão dos monólogos – considerada como mais um empecilho para a representação – se opõe, muitas vezes, a vivacidade dos diálogos, com frases curtas, incisivas e lacônicas:

   – Devemos temer o rei.
           – Meu pai era rei.
   – Não temes as armas?
           – Elas saíram da terra.
   – Morrerás.
       – Eu o desejo.
          – Foge!
              – Arrependo-me de ter fugido.
   – Medeia!
       – Eu voltarei a ser!
         – És mãe!
            – Tu verás para quê.

                      (Sen. *Med.* 168-171)

    Sendo acima de tudo um pensador, um adepto do pensamento estoico, embora ocasionalmente demonstre simpatia por outras doutrinas, Sêneca impregna suas tragédias de elementos filosóficos. As máximas moralísticas ponteiam os diálogos. Algumas personagens conferem amiúde um tom sentencioso a seu discurso. Estão neste caso as amas, que, pela idade que têm, encarnam a ponderação e, pela afeição que demonstram sentir pelas mulheres que amamentaram, funcionam como uma espécie de espelho antagônico, de *alter ego* daquelas.

    O trecho abaixo, extraído de *Fedra*, mostra com nitidez a tentativa feita pela ama para demover a rainha de seus pérfidos e pecaminosos desígnios, aconselhando-a em nome de uma ética esquecida:

> Esposa de Teseu, descendência ilustre de Júpiter,
> arranca de teu peito puro, o mais depressa possível,
> o que é execrável; extingue este fogo e não te deixes arrastar
> por uma funesta esperança. Quem procura, de imediato, impedir
> a paixão e combatê-la, pode seguramente triunfar;
> quem alimenta este mal, acarinhando-o com doçura,
> em vão se recusará a suportar o jugo que sofre.
>
> (Sen. *Ph.* 129-135)

Nos cânticos corais o poeta explora, muitas vezes, temas cosmológicos e metafísicos. Discute questões atinentes aos ciclos temporais, ao equilíbrio universal, à atuação dos deuses. O tom religioso que caracterizou a tragédia grega, nos primeiros tempos, sobretudo a de Ésquilo e Sófocles, se eclipsa na tragédia de Sêneca, em que o destino – o *Fatum* – tem seu papel obscurecido pela força interior que emana do próprio homem.

Muito grande foi a influência exercida por Sêneca sobre a literatura posterior, principalmente sobre a dramaturgia que retoma os temas trágicos, a partir do Renascimento. São seus tributários, entre outros, Giraldi Cinzio, L. Dolce, Speroni, Mondella e Foscolo, na Itália; de la Pérouse, P. Mathieu, R. Garnier, Corneille, Racine, Pradon e Crebillon, na França; Daniel, Greville, Kyd, Marlowe e Shakespeare, na Inglaterra; Cervantes, na Espanha.

Na antiga Roma, entretanto, após Sêneca, a tragédia começou a agonizar como forma literária. Segundo Eutrópio, epitomador do século IV d.C., o imperador Tito teria escrito tragédias em grego, mas tais peças não sobreviveram. Nada restou também – a não ser os títulos – dos poemas trágicos compostos por Memor, Rubreno Lapa, Pácio, Basso, e outros escritores, posteriores a Sêneca. Dessa forma, em que pesem os defeitos que possam ser atribuídos ao poeta-filósofo, apenas ele teve condições de legar-nos exemplos de um gênero literário que desfrutou, no passado, de momentos de glória e de esplendor.

A POESIA LÍRICA

Foi com a divulgação de modelos gregos, em Roma – modelos que consistiam em formas artísticas evoluídas e aperfeiçoadas –, que a poesia lírica latina encontrou condições para desenvolver-se.

Falamos, anteriormente, da dependência natural existente entre a poesia e a música, ao desabrocharem numa civilização as primeiras manifestações de arte poética. Antes de surgir o poema, o objeto estético que necessita apenas da palavra para vir a existir, nasce a canção – fusão de palavra e música numa só unidade.

A Grécia, desde os primórdios de sua história, conheceu muitos tipos de canções. As condições geográficas parecem ter contribuído para o desenvolvimento do canto, especialmente favorecido pela existência de intensa atividade pastoril. Diferentemente do que ocorre com o lavrador, labutando o dia todo na lida com a terra e extenuando-se com o trabalho pesado que lhe exaure as forças, o pastor vigia simplesmente o gado, permanece solitário muitas vezes e tem disponibilidade suficiente para cantar ou tocar.

De tal forma se desenvolveu a canção na Grécia que, muito cedo, foram institucionalizados os festivais. O canto, que, no início, teria desempenhado um papel provavelmente secundário em solenidades religiosas, passou a ter uma função artística. Organizaram-se concursos de grupos corais; a competição foi incentivada; a concessão de prêmios e honrarias aos grupos vencedores acendeu o desejo de pesquisa de soluções novas e originais, determinando o aperfeiçoamento da atividade artística. O canto despretensioso e simples do pastor dos primeiros tempos tornou-se sofisticado, gerando a poesia pura em seus diversos gêneros.

Todavia, enquanto as formas dramáticas e sobretudo a épica se distanciaram de suas origens e adquiriram rapidamente autonomia, as modalidades líricas se mantiveram fiéis a elas, por muito tempo. As próprias palavras *lírico* e *lirismo* remetem-nos a lira, o instrumento musical por excelência utilizado para o acompanhamento de cânticos na Grécia.

Não sabemos exatamente quando, entre os gregos, a poesia lírica conseguiu libertar-se da música, com a qual se fundia. Embora se admita que tal fenômeno tenha ocorrido possivelmente com a divulgação da escrita, no momento em que o poeta, ao grafar seus versos, criou um texto poético puro, há ainda evidentes elementos musicais na obra escrita dos primeiros líricos.

Os mais antigos textos, que chegaram muitas vezes incompletos até nós, conservam aspectos de canto – aspectos que perdurarão por séculos –, tais como a estrofação, a métrica regular e variada, os recursos sonoros próprios para a memorização. É o caso dos poemas de Calino, Arquíloco, Tirteu, Mimnermo, Alceu, Safo, Anacreonte, Semônides, Píndaro.

Daí para diante, no entanto, a poesia lírica se encaminha para a autonomia plena. Na época alexandrina (que se estende do século IV ao século I a.C.) vamos encontrar uma lírica emancipada, liberta da música, manifestando-se como forma exclusivamente literária em elegias, idílios, epigramas, hinos e outras espécies menores.

Em Roma, antes que a poesia grega tivesse invadido os meios literários, impondo-se como forma a ser imitada, havia, como em outras civilizações mediterrâneas, manifestações rudimentares de lirismo que se expressavam pelo canto.

Embora seja escassa a documentação que se tem dessa poesia embrionária – uma ou outra referência histórica e alguns pequenos fragmentos –, sabemos que, na época primitiva, os romanos possuíam tipos diferentes de canções. Além dos cânticos heroicos aos quais já nos referimos anteriormente e dos cantos fesceninos que traziam consigo o germe das primeiras formas dramáticas, eram entoados, em ocasiões especiais, cânticos religiosos e funerários que poderiam ser classificados na categoria de líricos.

Quanto aos religiosos, sabemos da existência de dois grupos principais: os cânticos dos Sálios (*carmina Saliorum* ou *Saliaria*) e os dos irmãos Arvais (*carmina Arualium*).

Os Sálios eram sacerdotes votados ao culto de Marte. Pertenciam a uma confraria muito antiga, instituída, ao que se supõe, durante o reinado de Numa Pompílio, segundo rei de Roma. Encarregada de custodiar escudos de guerra consagrados a Marte, tal confraria era responsável pela realização de procissões religiosas, no final do outono, quando os rebanhos retornavam das pastagens pela última vez, para serem recolhidos aos apriscos, e no início da primavera, quando tornavam a ser conduzidos aos pastos. Nessas procissões cantava-se e dançava-se. Os sacerdotes usavam roupas especiais e, percutindo com bastões os escudos confiados a sua guarda, criavam um tipo característico de marcação rítmica que acompanhava os cânticos.

Os Arvais também pertenciam a uma confraria de sacerdotes. Estes, porém, em lugar de servirem ao deus da guerra, cultuavam divindades da paz, deuses agrestes, protetores do trabalho agrícola. Realizavam festividades religiosas durante o mês de maio, quando entoavam cânticos monótonos e repetitivos, como se pode depreender de um fragmento que restou, grafado numa pedra de mármore, encontrada em Roma, no século XVIII:

> Ajudai-nos, ó Lares
> Ajudai-nos, ó Lares
> Ajudai-nos, ó Lares
> [...]
> Bate três vezes o pé
> Bate três vezes o pé
> Bate três vezes o pé.

A língua desse fragmento é arcaica – o que faz supor que o texto do cântico tenha sido composto numa época muito remota – e o entendimento se torna difícil até mesmo para pessoas bem familiarizadas com o latim.

Quanto aos cânticos funerários ou nênias (*naeniae*), sabe-se que eram entoados por cantores que conduziam um grupo de carpideiras profissionais, durante os funerais de mortos ilustres. As nênias foram substituídas, mais tarde, por elogios fúnebres.

Todos esses cânticos têm características pré-literárias. O lirismo só assume dimensões artísticas propriamente ditas ao ser composto o primeiro poema-canção, nos moldes da literatura helênica, a ser cantado por um grupo de moças em uma festividade religiosa: um hino a Juno, escrito em 207 a.C. e atribuído ao mesmo Lívio Andronico que divulgara, entre os romanos, a épica e a dramaturgia gregas.

Durante o restante do período helenístico, nada mais se pode dizer a respeito da poesia lírica. É provável que os velhos cânticos continuassem a ser entoados e que os então compostos não tivessem passado de formas meramente orais, que se perderam para a posteridade.

Embora presente em alguns trechos das tragédias – a despedida de Andrômaca, por exemplo, em *A partida de Heitor*, de Ênio, revela traços nitidamente líricos –, a poesia lírica, em sua acepção mais restrita, só vai firmar-se, em Roma, no século I a.C., quando ali se instala e se dissemina o gosto pelos cânones alexandrinos.

Alexandria fora, desde a sua fundação, no século IV a.C., a cidade destinada a substituir Atenas em sua função de centro irradiador da cultura helênica. Fundada por Alexandre, o Grande, rei da Macedônia, tinha todas as características de núcleo cultural, dispondo de ampla biblioteca, belos museus e importantes locais próprios para o estudo. Após a morte de Alexandre, Ptolomeu, o sucessor do rei, e os seus futuros herdeiros foram grandes incentivadores das artes e das letras.

Reuniu-se em Alexandria verdadeira plêiade de intelectuais, eruditos, artistas e poetas, que contaram com as melhores condições para o desenvolvimento de suas atividades. Situando-se no norte da África, no Egito, Alexandria recebeu contribuições da Ásia e da Europa, surgindo ali uma vida artístico-literária *sui generis*, com características bastante particulares. A poesia lírica desabrochou – totalmente liberta da música – e encontrou seus grandes representantes em Filetas, Calímaco, Teócrito, Eratóstenes, Euforião e outros.

Embora tenha atingido seu melhor momento nos séculos III e II a.C., a poesia alexandrina só se tornou conhecida em Roma no século I a.C., graças à publicação de uma antologia de poemetos gregos, organizada por Meleagro de Gádara, e à presença, na cidade, de duas figuras ligadas ao mundo poético alexandrino: o poeta Árquias, brilhantemente defendido por Cícero quando se contestou seu direito à cidadania romana, e o escravo Partênio de Niceia, que obteve sua liberdade, tornou-se amigo do poeta Cornélio Galo, escreveu elegias mitológicas e publicou uma coletânea de poemas gregos.

As tendências alexandrinas encontraram boa acolhida em Roma. O poeta Lévio, que viveu na época de Sila, foi o precursor do novo movimento literário ao escrever *Jogos eróticos* (*Erotopaegnia*), uma série de poemetos curtos de formas variadas, que fundiam erotismo, mitologia e atualidades. Valério Catão foi o teorizador da nova corrente que conseguiu expandir-se apesar de bastante criticada por aqueles que não viam com bons olhos a direção que a poesia estava tomando. Licínio Calvo, orador e autor de elegias, epitalâmios e epigramas, quase todos perdidos, Hélvio Cina, cujo poema *Esmirna* (*Zmyrna*) era obscuro até para seus contemporâneos, Varrão de Átax, autor de poemas épicos e elegias, e Catulo formam o grupo dos chamados *neóteroi*, ou *poetae novi*, isto é, o dos poetas novos que se consagraram à poesia de inspiração alexandrina.

De toda essa produção, porém, apenas os poemas de Catulo perduraram até nossos dias.

A poesia de Catulo

Bastante variada quanto a assunto e estilo, a obra de Catulo (*Caius Valerius Catullus* – 87/84?-54/52? a.C.) consiste numa coletânea de 116 poemas (*Carmina*), dedicada ao historiador Cornélio Nepos, contemporâneo do poeta. Embora não haja nenhuma divisão regular na coletânea, os poemas se organizam em três grupos distintos. O primeiro compreende os sessenta primeiros poemas (1-60). São textos curtos, compostos em metros variados (hendecassílabos, coliambos, estrofes sáficas), escritos em uma linguagem viva e espontânea, podendo ser considerados, em sua maioria, pelos temas que exploram, como poemas de amor ou de circunstância. Em muitos desses poemas, Catulo se dirige a uma espécie de musa inspiradora à qual ele dá o nome de Lésbia e embora os biógrafos do poeta tenham procurado identificar tal figura com a bela Clódia, irmã de famoso político romano, a crítica moderna procura ver em Lésbia – assim como em outras mulheres mencionadas na poesia latina – uma figura literária, criada provavelmente por influência alexandrina. Em alguns dos textos dirigidos a ela o tom é alegre, despreocupado, brincalhão:

> Vivamos, minha Lésbia, e amemos
> e atribuamos o valor de um níquel
> às murmurações dos velhos mais severos.
> Os sóis podem morrer e retornar
> mas, quanto a nós, quando a breve luz se vai,
> só nos resta dormir uma noite sem fim.
> Dá-me mil beijos, e depois mais cem,
> depois mais outros mil, depois mais cem,
> depois mais mil ainda, e ainda cem.
>
> (Catul. 5, 1-9)

Em outros poemas existe amargura, desencanto, tristeza, sentimentos que procuram consolo numa espécie de auto-exortação:

> Pobre Catulo, deixa de ser louco
> e considera perdido o que vês que se perdeu.
> Brilharam-te outrora belos dias de sol
> quando corrias para onde te levava uma garota
> mais amada por ti do que nenhuma o será.
> Muitas brincadeiras realizavam-se, então.
> Aquilo que desejavas, a garota também queria;
> brilharam-te, realmente, belos dias de sol.
> Agora ela não quer mais; deixa, também, de querer.
> Não persigas quem te foge, não vivas como infeliz.
>
> (Catul. 8, 1-10)

Em outros, ainda, o despeito cede lugar a uma ironia agressiva, quase rude:

> Célio, minha Lésbia, aquela Lésbia,
> aquela Lésbia a quem Catulo amava
> mais do que a si próprio e a seus parentes,
> esfola agora, nas esquinas e nos becos,
> os descendentes do grandioso Remo.
>
> (Catul. 58, 1-5)

Não é Lésbia, entretanto, a única mulher a surgir nos versos dos poemetos. Outras neles fazem incursões, mostrando facetas diversas da poesia de Catulo. Vejamos, por exemplo, o texto seguinte:

> Eu te peço, minha doce Ipsitila,
> minha delícia, minha lindeza,
> que me ordenes que esta tarde eu vá te ver.

Mas quero que me jures, se ordenares:
ninguém porá ferrolho em tua porta,
tu não terás vontade de sair;
ficarás em tua casa, preparando-te
para nove "brincadeiras" sucessivas

(Catul. 32, 1-8)

ou então:

Ameana, mulher superusada,
me pediu a quantia de dez mil!
Uma mulher de nariz grotesco,
amante de um caipira sem dinheiro!
Parentes, que se preocupam com a moça,
chamem os amigos e os médicos:
a moça está doente. E nem precisa
perguntar o que é: ela delira!

(Catul. 41, 1-8)

Nos poemetos de circunstância, dirigidos frequentemente a conhecidos e amigos, há flagrantes da vida romana, referências à atividade política, aos usos e costumes, críticas, brincadeiras não raro um pouco pesadas.

O segundo grupo de poemas (61-68) compõe-se de oito peças relativamente longas: dois priapeus (61 e 62) – hinos eróticos em homenagem a Priapo e Himeneu –, três relatos de lendas mitológicas – a automutilação de Átis em homenagem a Cibele (63), o casamento de Tétis e Peleu (64) e a metamorfose do cacho de Berenice (66) –, um longo epigrama em que o poeta dialoga com a porta que o separa da amada (67) e duas elegias de caráter pessoal (65 e 68).

Todos esses poemas são construídos de acordo com a moda literária neotérica, importada de Alexandria: linguagem ornamentada, abundância de figuras, requinte na composição de imagens.

O pequeno trecho abaixo transcrito mostra de forma elucidativa a excessiva preocupação com o aspecto formal que caracteriza os poemas do segundo grupo:

> Assim como o Zéfiro, quando a Aurora desponta
> no limiar do Sol errante, encrespa o plácido mar
> com seu sopro matinal e incita as ondas dóceis,
> e elas se alongam, a princípio lentamente,
> impelidas pelo ar manso, e o marulho ressoa
> com o agitar-se das águas, mas depois, quando o vento
> [aumenta,
> inflam-se mais e mais e, debatendo-se,
> refulgem ao longe com brilhante luz purpúrea,
> assim os hóspedes, deixando o palácio real,
> partiram para seus lares, cada um por seu caminho.
>
> (Catul. 64, 269-278)

O terceiro grupo compreende quarenta e oito poemas (69-116) que apresentam temática semelhante à dos do primeiro. A métrica, entretanto, os distingue. Nos primeiros poemas, Catulo emprega uma grande variedade de metros, inspirando-se, principalmente, na poesia de Arquíloco e de Safo – poetas gregos da chamada "Idade Lírica". No terceiro grupo apresenta apenas epigramas, empregando, na composição, os dísticos elegíacos de praxe. Alguns são dirigidos a amigos e pessoas da sociedade romana da época, alternando-se por vezes o tom galhofeiro com o picante e o mordaz. Em outros, a figura de Lésbia volta a aparecer e o amor continua a ser protestado com veemência:

> Nenhuma mulher pode dizer que foi amada
> tanto quanto Lésbia o foi por mim.
>
> (Catul. 87, 1-2)

A desilusão, todavia, provoca certa amargura que marca numerosos desses textos:

> Odeio e amo; por que faço isso, talvez perguntes.
> Não sei, mas percebo que acontece. E torturo-me.
>
> (Catul. 85, 1-2)

Catulo foi, sem dúvida, um dos maiores líricos romanos. Versátil e talentoso, soube combinar, e alternar, a brincadeira e a seriedade, a ironia e o sentimentalismo, o estilo elegante, caracterizado pela riqueza vocabular e pela abundância de figuras, e a linguagem popular, ponteada de modismos, de diminutivos, de expressões do dia a dia, extraídas das formas coloquiais. Com suas qualidades, sensibilidade e técnica, Catulo foi um digno precursor da poesia que iria atingir seu nível mais alto nos dias brilhantes de Augusto.

A poesia lírica na época de Augusto

Enquanto a época de Júlio César foi marcada pela presença de importantes prosadores, tais como Cícero, Salústio e o próprio Júlio César, a de Augusto é conhecida como o "período áureo" da poesia latina, o momento em que desabrocharam, em sua plenitude, os gêneros épico e lírico.

Vários fatores contribuíram para esse grande florescimento. A língua poética estava estruturada, o vocabulário se enriquecera graças a importações e formações neológicas, os modelos gregos e alexandrinos achavam-se suficientemente difundidos. Além disso, o próprio Augusto, quer porque realmente amasse as letras, quer porque nelas visse um instrumento que poderia ser colocado a serviço de sua política, deu-lhes grande incentivo, fundando bibliotecas e favorecendo os escritores que, de alguma forma, se dispusessem a divulgar suas ideias reformistas e renovadoras.

Costuma-se associar, frequentemente, o desenvolvimento da poesia, na época de Augusto, à famosa *paz romana*, pela qual o imperador seria o principal responsável. A caracterização dessa *paz*, entretanto, merece algumas ponderações.

Sobrinho de Júlio César, Otávio – o futuro Augusto – surgiu na vida política logo após a morte do tio, em 44 a.C. Vivia-se, então, em Roma, um momento de grande agitação. No ano seguinte, aliado a Lépido e Marco Antônio, Otávio assumiu o poder, como membro de um triunvirato que durou pouco mais de seis anos, desfazendo-se ao ser dele alijada a figura de Lépido. Em 31 a.C., ao vencer Marco Antônio na famosa batalha de Ácio, Otávio foi investido do poder supremo, recebendo, em 28 a.C., a função de *princeps* e no ano seguinte o título de *Augustus*, nome pelo qual passou a ser, então, conhecido. De 27 a.C. a 14 d.C., Augusto recebeu periodicamente do Senado plenos poderes para agir como imperador.

Nesses cinquenta e sete anos, portanto, durante os quais Augusto exerceu mandatos públicos, o mundo romano conviveu muitas vezes com a guerra. Houve frequentemente campanhas nas fronteiras e nas províncias e, nos primeiros anos do governo, até a batalha de Ácio, as guerras civis ainda se faziam presentes.

Só depois de tornar-se *Augusto* foi que Otávio conseguiu libertar o território romano das lutas fratricidas geradas por facções políticas opostas.

Nessa ocasião, pelo menos dois grandes nomes da poesia latina já haviam surgido com obras de grande valor: Virgílio, com as *Bucólicas*, compostas entre 41 e 37 a.C., e Horácio, com os *Epodos* – compostos também a partir de 41 a.C., embora só publicados por volta de 30 –, as *Sátiras*, escritas entre 40 e 30, e as primeiras *Odes*.

Com o passar do tempo, à medida que Roma se embelezava com a construção de novos edifícios, a restauração dos templos antigos e a reurbanização, o povo começou a viver a expectativa de dias tranquilos, as artes se desenvolveram e o mundo poético pôde apresentar outras figuras de realce. Tibulo e Propércio – autores de belas elegias – e Ovídio, poeta elegante e versátil, são os produtos legítimos da época de Augusto: as obras que compuseram vieram à luz e se tornaram conhecidas do público no momento em que Otávio, segurando as rédeas do poder no mundo romano, consolidava um dos maiores impérios que a história já conheceu.

As *Bucólicas* de Virgílio

Já bastante conhecido no mundo das letras por alguns poemetos escritos na juventude e por frequentar o círculo literário mantido por Polião, governador da Cisalpina, Virgílio compôs, entre 41 e 37 a.C., dez poemas pastoris que se agrupam numa coletânea sob o título de *Bucólicas* (*Bucolica*). A palavra *bucólicas* é de origem helênica: *boukoliká*, em grego, significa "cantos de boiadeiros". Assim se designavam as canções que, versando sobre assunto relacionado com o pastoreio, eram apresentadas em concursos públicos, na Sicília. Ao compor as *Bucólicas* – impropriamente denominadas *Éclogas* ou *Églogas* –, Virgílio, embora demonstre alguma influência de Homero, Hesíodo e Lucrécio, se inspira sobretudo em

Teócrito, poeta siracusano que viveu em Alexandria e criou, em seus idílios, curiosa galeria de personagens-pastores.

Baseando-se nesses idílios, mas recriando os temas, Virgílio conseguiu ser bastante original nas *Bucólicas*: transformou os cenários poéticos, retratando a paisagem das regiões do norte da Itália, onde nascera, conferiu delicadeza a seus pastores, que se distanciaram dos tipos um pouco rudes de Teócrito, impregnou seus textos de um verdadeiro sopro lírico.

Os assuntos explorados por Virgílio variam de poema para poema. Na bucólica I – que, certamente, não é a primeira na ordem de composição –, temos um diálogo entre dois pastores, Melibeu e Títiro. O primeiro, deixando as terras que lhe tinham sido confiscadas, queixa-se ao segundo. Este agradece ao "deus" que lhe permitira permanecer nas suas. Essa bucólica é frequentemente considerada como uma espécie de alegoria: para muitos, Títiro é a projeção de Virgílio, que exalta Otávio por ter este autorizado a devolução de uma propriedade confiscada à família do poeta. Melibeu espoliado, entretanto, também pode representar Virgílio. O tema do confisco reaparece na bucólica IX, na qual dois pastores, Lícidas e Méris, dialogam e se referem ao fato de Menalcas, um terceiro pastor, ter sido expropriado de seu patrimônio, a despeito dos belos versos que compunha.

Nas bucólicas III, V e VII, embora Virgílio continue a empregar o diálogo pastoril, como elemento formal, o material temático se modifica. Na III e na VII, há reminiscências dos concursos de canto realizados em Siracusa: na III, dois pastores disputam, cantando, e o juiz, em face dos méritos artísticos de ambos, se confessa incapaz de apontar o vencedor; na VII, um pastor reproduz os cânticos amebeus (dísticos alternados) de tema ameno, entoados por dois companheiros. A mesma ideia de competição aparece na bucólica V, quando

Menalcas e Mopso, dois pastores, entram numa gruta e, alternadamente, entoam canções de tema mitológico.

Nas demais bucólicas, não há diálogos pastoris.

Na bela e discutida bucólica II, o pastor Coridão, apaixonado pelo formoso Aléxis, extravasa seu sentimento em um monólogo ardente e sentimental. Não faltam ali nem as confissões angustiadas de Coridão:

> Cruel Aléxis, não te importas com meus cânticos?
> Não tens compaixão de mim? Tu me farás morrer...
>
> (Verg. *Buc.* II, 6-7)

nem as alusões à natureza e aos trabalhos agrestes:

> Agora, entretanto, os rebanhos procuram as sombras e os
> [lugares frescos;
> os espinhais dissimulam a cor verde dos lagartos
> e Testílis macera o alho e o serpão, condimentos aromáticos,
> para os segadores fatigados pelo ardor do sol
>
> (Verg. *Buc.* II, 8-11)

nem as promessas de uma vida fácil, graças à fartura de que dispõe:

> Tenho mil ovelhas que vagueiam pelos montes da Sicília:
> leite fresco não me falta, nem no inverno, nem no estio.
>
> (Verg. *Buc.* II, 21-22)

Os presentes prometidos, porém – as flores, os frutos, os cânticos –, não chegam a convencer o formoso jovem.

Coridão reconhece a insensatez de seu sentimento e procura consolar-se, numa esperança vaga:

Ah! Coridão, Coridão! Que loucura te domina?
[...]
Encontrarás outro Aléxis, se este aqui te menospreza.

(Verg. *Buc.* II, 69...73)

Contrariamente à segunda bucólica – frequentemente lida com reservas em virtude de seu caráter pagão e da naturalidade com que é apresentado o homossexualismo amoroso –, a quarta chegou a ser considerada como profética e pré-cristã. Por ser dirigida a Polião e predizer o retorno de uma verdadeira Idade de Ouro, graças ao nascimento de um menino, sob cujo império surgiria uma época de paz e fartura, Santo Agostinho e, mais tarde, os medievalistas, viram nela uma alusão ao nascimento de Cristo.

Conquanto situado entre as bucólicas, o poema não tem cunho pastoril. A invocação às musas da Sicília – pátria de Teócrito – não é suficiente para caracterizar o texto como bucólica.

Também se distancia desse tipo de poesia o sexto poema da coletânea, no qual um velho, Sileno, canta para dois jovens faunos e para uma náiade. Em seu canto, Sileno explica como foi a origem do mundo, valendo-se de dados da doutrina epicurista, e, em seguida, conforme o gosto alexandrino, relembra antigas lendas de amor e histórias de metamorfoses.

O tema pastoril, no entanto, se faz presente nas bucólicas VIII e X. Na VIII, de forma espontânea: dois pastores versejam, mostrando soluções diferentes para casos de amor difícil ou impossível; na X, de maneira artificial: o poeta canta, em tom elegíaco, o amor do poeta Cornélio Galo por Licóride, pseudônimo poético de famosa atriz; o cenário é campestre e os deuses da Arcádia consolam o desditoso amante.

Apesar da aparente simplicidade dos temas, a linguagem de Virgílio, nas *Bucólicas*, é bastante rica em figuras de estilo e elementos ornamentais. A erudição do poeta se revela a todo momento, quer nas numerosas referências mitológicas, quer na exposição de conhecimentos filosóficos e geográficos.

A Idade Média muito deveu ao poeta das *Bucólicas*, como agente influenciador, e sua influência se estendeu aos tempos modernos, fazendo-se presente no Renascimento e, sobretudo, no Neoclassicismo, quando a poesia arcádica retomou o filão da inspiração pastoril.

A lírica de Horácio

Contemporâneo de Virgílio e amigo pessoal do poeta das *Bucólicas*, Horácio (*Quintus Horatius Flaccus* – 65-8 a.C.) surge no cenário literário de Roma por volta de 35 a.C. com o livro I das *Sátiras* (*Sermones*), após o qual publica uma coletânea de 17 poemetos, os *Epodos* (*Epodoi*) (30 a.C.?) e o livro II das *Sátiras* (*Sermones*) (29 a.C.?).

Não se pode precisar a data exata da redação dessas peças poéticas: os poemas que compõem os *Epodos* e as *Sátiras* não se dispõem em ordem cronológica e os índices temporais, detectados no texto, não são muito numerosos. Supõe-se, porém, que medeie certo tempo entre a composição e a publicação dos poemas, fato explicável por ter sido Horácio considerado uma espécie de "inimigo" na época: lutara em Filipos ao lado de Bruto, contra Otávio, e fora espoliado dos poucos bens que possuía.

Só após ter sido apresentado por Virgílio a Mecenas e de ter recebido uma propriedade rural, é que Horácio começa a publicar suas obras.

Depois dos *Epodos* e das *Sátiras* o poeta compõe quatro livros de *Odes* (*Carmina*), dois de *Epístolas* (*Epistulae* ou *Sermones*) e o *Cântico secular* (*Carmen saeculare*), em honra de Apolo e Diana, encomendado pelos poderes públicos para ser cantado por ocasião dos Jogos Seculares, realizados por Augusto em 17 a.C.

Faremos, no momento, algumas considerações em torno das *Odes* e do *Cântico secular*; mais adiante, nos capítulos destinados à poesia satírica e à didática, reservamos um espaço para comentar as demais obras do poeta.

Agrupadas em quatro livros, as *Odes* representam o ponto culminante do esforço lírico de Horácio. O próprio poeta deveria estar cônscio do valor de tais textos, pois, sem humildade ou falsa modéstia, assim se expressou no último poema do terceiro livro:

> Construí um monumento mais duradouro que o bronze
> e mais elevado ainda que a real decrepitude das pirâmides.
>
> (Hor. *O.* III, 30, 1-2)

Variadas quanto a métrica, extensão e assunto e até mesmo quanto a estilo e tema, as *Odes* compõem um conjunto harmonioso, de grande beleza. Com elas, Horácio pretendeu ter introduzido, em Roma, os metros eólicos, muito embora, antes dele, Catulo já os tivesse manipulado.

Horácio desenvolve temas diversos em suas odes. Alternando poemas longos com outros mais curtos, empregando versos jâmbicos ou datílicos, o poeta canta a juventude, o amor, os prazeres do vinho, a alegria da vida; dirige-se aos deuses, relembra lendas mitológicas, exalta o civismo e o espírito patriótico.

Dedicadas a Mecenas, a quem é consagrada a primeira ode do primeiro livro, na qual o poeta lhe agradece o apoio recebido após tê-lo exaltado ("Ó Mecenas, descendente de antepassados reais,/ minha honra e minha glória"), as odes são escritas numa linguagem elevada e cuidada, ornamentada sem exagero ou sobrecarga, numa ânsia de perfeição.

É nas odes que encontramos algumas das principais ideias de Horácio, retomadas, mais tarde, pela poesia de todas as épocas. De um lado vamos ali observar o desejo de aproveitar o momento presente, a sede de viver, o *carpe diem*. Afinal, a vida é breve e a morte certa:

> A pálida morte percute compassadamente, com pé imparcial,
> as choças dos pobres e os palácios dos reis. Caro Sesto,
> a suprema brevidade da vida impede-nos de conceber uma
> [esperança duradoura.
>
> (Hor. *O.* I, 4, 13-15)

A própria natureza confirma a transitoriedade das coisas:

> A beleza não está sempre presente nas flores da primavera
> e a lua vermelha não brilha sempre com a mesma aparência.
>
> (Hor. *O.* II, 11, 9-10)

É preciso, portanto, não desperdiçar as ocasiões e gozar de tudo que o momento presente pode oferecer:

> Mostra que tens gosto, filtra teu vinho [...]
> Enquanto falamos, o tempo hostil terá passado.
>
> (Hor. *O.* I, 11, 5...7)

De outro lado, encontramos nas odes o elogio da moderação e da simplicidade, o desprezo pelas riquezas e pelo luxo:

Odeio os aparatos orientais, meu jovem,
e as coroas trançadas com cordões de tília.

(Hor. *O.* I, 38, 1-2)

ou então:

Nem ouro nem marfim
fazem brilhar os painéis de minha casa.

(Hor. *O.* II, 18, 1-2)

A moderação (*aurea mediocritas*) se transforma em ideal de vida e os próprios deuses aceitam de bom grado os sacrifícios modestos, mas oferecidos com mãos puras:

Se a mão inocente, mais agradável, se aproxima
do altar com a oferenda simples,
ela abranda os Penates hostis.

(Hor. *O.* III, 23, 16-18)

É nas odes, ainda, que encontramos o Horácio que se coloca a serviço da política de Augusto, divulgando os princípios da moral antiga (III, 1), elogiando a virtude (III, 2), exaltando a glória de Roma (III, 3), justificando os métodos empregados pelo *princeps* para assegurar a paz (III, 4), falando do papel da juventude (III, 6), apregoando a reforma dos costumes (III, 24), glorificando Augusto (IV, 2), referindo-se à reconhecida gratidão de Roma por ele (IV, 5) e lembrando os feitos de Druso (IV, 4) e Tibério (IV, 14), os enteados do imperador.

O mesmo espírito patriótico encontrado nas odes cívicas, em que pese o fato de terem sido elas escritas por encomenda ou como agradecimento, está presente no *Carmen saeculare*, hino composto por Horácio para ser cantado por um coro de 27 moças e 27 rapazes, durante a realização dos Jogos Seculares, promovidos por Augusto.

Para escrever esse cântico, o poeta se inspirou em versos sibilinos e antigas inscrições. Simples e ao mesmo tempo elegante, o *Cântico secular* revela sentimentos nobres de piedade e amor à pátria.

A poesia elegíaca em Roma

Ao lado da poesia pastoril e da ode, a elegia é uma forma poética que atinge grande desenvolvimento na época de Augusto.

Pouco se sabe sobre as origens dessa modalidade literária. Expandindo-se na Grécia durante toda a Idade Lírica como uma das principais manifestações da poesia monódica, supõe-se, contudo, que provenha do Oriente, dado o fato de ter sido cantada originalmente ao som de música de flauta, instrumento musical inventado provavelmente na Ásia.

Na Grécia, a elegia descreveu longo percurso literário. Caracterizando-se pela construção formal – compõe-se de estrofes de dois versos denominadas dísticos elegíacos –, a elegia nasceu possivelmente como treno, ou lamentação fúnebre. Entre os séculos VII e VI a.C. tomou rumo diverso, servindo de veículo à expressão patriótica; assumiu, depois, caráter moral e, finalmente, sentimental. Perdendo algo de sua primitiva importância no século V, vai recuperá-la na época alexandrina, quando se torna uma das formas literárias prediletas, prestando-se à exposição de lendas mitológicas, sobretudo das que continham elementos eróticos.

Como poesia erótico-mitológica, a elegia foi introduzida em Roma, onde, imediatamente, assumiu dimensões especiais, colocando-se a serviço do amor subjetivo ou retomando, novamente, o caráter patriótico.

Dos primeiros autores de poemas elegíacos pouco restou. Há fragmentos inexpressivos da obra de Licínio Calvo, Varrão de Átax e Cornélio Galo. Sabe-se, porém, que cantaram, em seus versos, as figuras de mulheres, supostamente identificadas com amadas reais dos poetas.

De Catulo temos três elegias. A primeira (Catul. 65) é uma espécie de epicédio, em que o poeta lamenta a morte de seu irmão. A segunda (Catul. 66) é de cunho mitológico e se baseia na poesia da Calímaco, poeta alexandrino que exerceu grande influência sobre Propércio e Ovídio. Nela Catulo relata uma lenda, segundo a qual um cacho de cabelos da rainha Berenice, oferecido aos deuses em sacrifício, transformou-se em cometa. A terceira (Catul. 68), bastante complexa quanto à construção, mescla amor subjetivo e erotismo mitológico. Nela o poeta justapõe à figura de Lésbia a de Deidamia, personagem bastante explorada pela lírica alexandrina.

Se, entretanto, dessas primeiras manifestações elegíacas não há muita coisa a ser dita, a modalidade literária vai ganhar impulso com Tibulo e Propércio – responsáveis por significativo número de elegias – e com Ovídio, cuja versatilidade poética o fez enveredar por diversos caminhos da poesia.

As elegias de Tibulo: o *Corpus Tibullianum*

Frequentador do chamado Círculo de Messala, Tibulo (*Albius Tibullus* – 60?-19? a.C.) é um dos legítimos representantes da juventude que viveu nos dias de Augusto. Sem grandes interesses políticos ou militares (conquanto, ao que parece, tenha participado de algumas campanhas) e sem maiores expectativas no plano profissional, Tibulo cultivou (ou disse que cultivava) o amor livre, a vida simples, a paz e o *otium*, ou seja, a inatividade preconizada pelo epicurismo, que não pode ser confundida com a preguiça ou o lazer prazeroso, mas que se identifica com a disponibilidade que propicia a meditação, a contemplação, a atividade teorética.

O nome de Tibulo é frequentemente associado ao de Valério Messala, seu protetor, figura que soube aliar à atividade artística intensa vida de campanhas militares. As elegias que Tibulo compôs não só evocam, de quando em quando, a pessoa de Messala ou as de familiares seus, como foram agrupadas num conjunto, o chamado *Corpus Tibullianum*, que enfeixa produções poéticas de diversos escritores que participavam do Círculo de Messala, espécie de agremiação por ele patrocinada.

Esse discutível *Corpus* é composto de três livros (ou quatro, segundo um outro critério de agrupamento e divisão). Os dois primeiros, compreendendo respectivamente dez e seis poemas, são indiscutivelmente de autoria de Tibulo: o estilo uniforme e característico não deixa margens de dúvida. O terceiro livro é bastante complexo, encontrando-se nele um aglomerado irregular de vinte poemas. Há, inicialmente, seis elegias (III, 1-6) de autoria ignorada, nas quais um poeta, chamando a si próprio de Lígdamo (*Lygdamus*) – pseudônimo poético, evidentemente –, canta o amor pela jovem e bela Neera e o sofrimento advindo de um sentimento não correspondido. Embora apresentem certa beleza, essas elegias não podem ser atribuídas a Tibulo, uma vez que o estilo delas não se assemelha ao dos poemas considerados autênticos. Em seguida, há um panegírico anônimo, em versos hexâmetros, dedicado a Messala (lembre-se, de passagem, que os panegíricos, oriundos dos epitáfios funerários, são poemas de louvor que, compostos inicialmente em homenagem a mortos ilustres, assumiram dimensões de encômios no momento em que começaram a celebrar virtudes de pessoas vivas). Após o panegírico (III, 7), há cinco elegias compostas possivelmente por Tibulo (III, 8-12). Embora reduzidas em suas dimensões, o estilo nelas observado se aproxima do dos poemas dos dois primeiros livros. Nessas cinco elegias desenvolvem-se os mesmos temas explorados nos seis poemetos seguintes (III, 13-18), seis curtos epigramas cuja autoria é atribuída a Sulpícia, sobrinha de Messala. São pequenos bilhetes de amor em versos, nos quais uma jovem mulher fala de sua paixão por Cerinto, um escravo, possivelmente. Os dois últimos poemas do terceiro livro (III, 19-20) voltam a ser de autoria de Tibulo.

Em todas as elegias que ele compôs, existem certas tônicas inconfundíveis. Tibulo – como o fizera Catulo e como o vão fazer outros contemporâneos – canta o amor puro e desinteressado, entendendo-se por pureza não a sacralização através do matrimônio, mas, sim, a sinceridade amorosa que faz uma pessoa inclinar-se por outra e desejá-la. Não importa qual seja o objeto dessa espécie de amor. Nas elegias que Tibulo consagra a Délia – uma jovem bela, delicada e loura (I, 1; 2; 3; 5 e 6) – existe essa "pureza", apesar do fato de ser ela apresentada como uma mulher casada. A mesma "pureza" existe no amor que o "eu poético" devota a Márato, o escravo (I, 4; 8 e 9), e a Nêmesis, a prostituta (II, 3; 4 e 6). A ausência de laços matrimoniais e o homossexualismo não "poluem" o amor, não lhe tiram o halo de "quase-santidade". Conspurcam-no, descaracterizando-o e desfigurando-o, a venalidade e o perjúrio. Délia, Márato e Nêmesis deixam o amante por terem encontrado algo mais "lucrativo". E essa atitude, para o poeta, é inaceitável e indesculpável. "O amor é derrotado pelos presentes" (Tib. I, 5, 60), diz ele, referindo-se ao novo amante de Délia. E mais adiante, em relação a Márato, reitera a mesma ideia:

> Ousaste vender a outros carícias que eram minhas?
>
> (Tib. I, 9, 77)

Ou então:

> Ai de mim! Vejo que as moças se deleitam com riquezas!
> Aproximam-se qual presas, pois Vênus exige fausto.
>
> (Tib. II, 3, 49-50)

À sinceridade no amor alia-se, numa atitude própria dos poetas alexandrinos, a exaltação à vida simples e à paz bucólica, a admiração pela natureza e o desprezo pelos bens materiais, causa de guerras, sofrimentos e preocupações:

> Que outros acumulem riquezas de fulvo ouro
>   e tenham muitas jeiras de terra cultivada;
> e que o cuidado contínuo com o vizinho desonesto os preocupe
>   e o toque das trombetas marciais lhes tire o sono.
> Quanto a mim, que minha pobreza me conduza numa vida sossegada,
>   desde que a lareira se ilumine constantemente com fogo.
> Como um camponês, colherei com hábeis mãos
>   frutas maduras e uvas tenras no tempo certo.
> [...]
> Não quero as riquezas de meus antepassados
>   nem os produtos que a seara colhida trouxe a meu avô:

uma herdade pequena me satisfaz, desde que eu possa repousar
diariamente em meu leito, ali estendendo os membros.
Como é gostoso ouvir o vento forte, quando se está deitado,
abraçando-se a mulher junto ao peito, com ternura;
ou, quando o astro hibernal faz cair as grandes chuvas,
prosseguir dormindo em segurança junto ao fogo agradável.

(Tib. I, 1-8; 41-48)

O amor, embora seja o mais explorado, não é o único tema da poesia de Tibulo. Além dos textos dedicados a Délia, Márato e Nêmesis, dos que desenvolvem os epigramas de Sulpícia e dos dois poemas finais do terceiro livro, referentes a uma mulher desconhecida, há elegias sobre outros assuntos. No primeiro livro, em uma das peças (I, 7) o poeta se dirige a Messala, tributando-lhe uma homenagem pela passagem do aniversário e pelo triunfo militar que acabara de celebrar; em outra (I, 10) faz a apologia da paz. No segundo livro há um poema consagrado aos deuses rústicos e à vida campestre (II, 1) e dois endereçados a prováveis amigos ou companheiros: Cornuto, que festeja a data natalícia (II, 2), e Messalino, o filho de Messala, eleito para desempenhar um cargo religioso (II, 5).

As elegias de Propércio

Contemporâneo de Tibulo, mas em tudo diferente do "cantor de Délia", muito embora também tivesse escolhido a elegia como forma de expressão poética, Propércio (*Sextus Propertius* – 45?-15? a.C.) chegou a ser considerado algumas vezes como um poeta de menor importância. A crítica moderna, porém, tem procurado rever esse posicionamento, atribuindo-lhe um justo valor.

Como seus predecessores e contemporâneos, Propércio compôs sobretudo elegias amorosas, imortalizando nos versos a figura inesquecível de Cíntia.

Os biógrafos dos poetas ditos subjetivos procuraram, desde a Antiguidade, identificar as figuras das "musas inspiradoras" que surgem nos poemas com mulheres reais, conferindo assim aos textos poéticos uma importância documental.

Essa atitude é hoje encarada com muitas restrições. Os poemas de inspiração alexandrina, em vez de serem considerados como peças confessionais, são vistos atualmente como obras artísticas, construídas rigorosamente de acordo com padrões estéticos especiais. Admite-se, pois, não somente que o poeta alexandrino se apoiasse em modelos e cânones como também que burilasse o verso da mesma forma que o artesão esculpia a estatueta ou retocava o camafeu. É, realmente, muito difícil tentar entrever a confissão de sentimentos reais numa obra poética em que o artificialismo impera e tudo é convencional e maneiroso, dos temas às imagens, do vocabulário aos exemplos.

Assim, a bela Cíntia, de cabelos loiros e olhos brilhantes como estrelas, "esbelta no porte e divina no andar", passou a ser vista como uma criação estética e não como a mulher volúvel e perjura, ambiciosa e frívola, vaidosa e pérfida, que torturou o poeta nos longos anos em que ele, como servo humilde e fiel, esteve a seus pés, pronto a satisfazer-lhe os desejos e caprichos.

Como criação literária, Cíntia não precisa ser associada a uma dama qualquer da sociedade da época; não há mais necessidade de elucubrações sobre seu nome verdadeiro, sua idade, seu estado civil e sua posição. Dela temos o que o texto nos dá, e isso já é o bastante. Propércio fartou-se de trabalhar na modelagem de sua criação. Construiu um retrato feminino complexo, o mais detalhado de toda a poesia latina conhecida. Esmerou-se na caracterização dos pormenores físicos, compôs sua textura psicológica, conferiu-lhe personalidade. Mostrou-nos Cíntia em diversas situações: adormecida como uma bacante cansada, provocante e sensual em seu traje transparente, dançando, bebendo, jogando dados, esmorecida e doente no leito de morte, tomando sol na praia e contemplando o mar, conduzindo a biga veloz no meio da noite, festejando o aniversário, dirigindo-se ao templo, esbofeteando o amante num acesso de ciúme, desnudando-se diante dele numa noite de amor. Até morta, como espectro saído do mundo das trevas, Propércio no-la coloca ante os olhos, com seus atributos de sempre, seus cabelos esvoaçantes, seus olhos ardentes.

Das noventa e duas elegias que compôs, setenta e três se ocupam do amor e, na grande maioria delas, a figura de Cíntia domina o texto.

São em número de quatro os livros de elegias escritos por Propércio (*Elegiarum libri* IV). O primeiro, o *Livro de Cíntia* (*Cynthia monobiblos*), foi publicado durante a curta vida do escritor, em 27 a.C., provavelmente. Contém vinte e duas peças elegíacas. Acredita-se que Mecenas, o "ministro" de Augusto, tenha então insistido com o poeta para que ele, a exemplo de Virgílio e Horácio, colocasse sua inspiração a serviço da política imperial, escrevendo sobre temas patrióticos ou cívicos. No início do livro II o poeta deixa entrever tal fato. Dirigindo-se a Mecenas, fala sobre a impossibilidade de aquiescer ao convite que lhe teria sido feito, uma vez que sua lira, até então, só se deixara tanger pelo sentimento amoroso:

> Perguntas-me por que escrevo tão frequentemente sobre
> [meu amor
> e por que os livros meus têm aspecto tão suave;
> não é Calíope quem inspira meus versos, não é Apolo:
> é minha amada quem domina meu talento.
>
> (Prop. II, 1, 1-4)

Das trinta e quatro elegias que compõem o livro II – escrito por volta de 28 a.C., mas publicado após a morte do poeta –, apenas uma (II, 31) não se atém ao tema do amor: é uma elegia descritiva na qual Propércio fala do templo de Apolo, inaugurado nessa ocasião por Augusto. Assim mesmo, nos primeiros versos, o poeta se desculpa a alguém – a amada, talvez – por ter chegado atrasado a um encontro. Justificando-se e falando da causa do atraso, refere-se ao templo e o descreve em sua beleza e suntuosidade, revelando seus pendores para a descrição e quiçá seu orgulho patriótico diante do templo e de seu significado religioso e político:

> Queres saber por que cheguei tão tarde? O pórtico dourado
> de Apolo foi inaugurado pelo grande César.
> Em suas colunas fenícias várias imagens se exibiam aos olhos
> e, entre elas, as das numerosas filhas do velho Dânao.
> A estátua de mármore me pareceu mais bela do que o próprio Febo,
> com sua lira silenciosa, como se entoasse uma canção;
> ao redor do altar quedavam-se os animais de Miro:
> quatro estátuas de bois, que pareciam vivos.
> No meio de tudo erguia-se o templo, de mármore brilhante
> e mais caro ao deus que sua pátria, Ortígia;
> na parte superior do templo estava o carro do Sol
> e sobre o portal, obra-prima de marfim da Líbia,
> de um lado os gauleses atirados do alto do Parnaso,
> de outro, a filha de Tântalo chorando seu luto.
> Finalmente, entre a mãe e a irmã, o próprio deus pítio
> fazia seu canto soar, envolto numa longa veste.
>
> (Prop. III, 31)

No livro III, composto em torno de 28 a.C., e também publicado após a morte do poeta, a temática começa a variar. As elegias de amor ainda se fazem presentes, mas ao lado delas surgem epicédios, ou poemas fúnebres, e as primeiras elegias de tema nacionalista. Propércio começa a enveredar por novo rumo.

Não é sem resistência, entretanto, que o "poeta do amor" – aquele a quem "os jovens cultuariam no futuro", segundo os versos de uma das elegias – vai assumir o papel de porta-voz de um pensamento bastante diferente do antes expresso. Na elegia III, 3, numa alegoria tipicamente alexandrina, Propércio fala simbolicamente de suas pretensões e limitações. Pinta-se a si próprio, no bosque de Apolo, cercado de Musas e preparando-se para beber na fonte que gerara Pégaso e que dessedenta os poetas épicos, quando é interpelado por Febo:

De que te importa esta fonte, insensato? Quem foi
    que te mandou tocar no que é próprio do cantor heroico?

(Prop. III, 3, 15-16)

Uma das musas completa o pensamento:

Tu te contentarás em ser conduzido por cisnes brancos
e o galope do cavalo forte não te levará às armas.

(Prop. III, 3, 39-40)

Apesar disso, o livro III já apresenta alguns poemas de teor nacionalista, nos quais são lembrados os triunfos imperiais (III, 4), a batalha de Ácio (III, 11) e os méritos de Roma (III, 22).

A adesão à causa de Augusto, todavia, só vai patentear-se no livro IV, concluído, supostamente, em 16 a.C.

Compondo-se de apenas onze peças elegíacas, esse livro apresenta, ao lado de poemas em que o tema do amor ainda se revela, seis elegias nacionalistas.

A IV, 1, que abre a coletânea, é constituída de dois monólogos justapostos, nos quais "Propércio" e Horos, sucessivamente, discorrem sobre aquilo que consideram importante. "Propércio" fala da antiga Roma e a compara com a cidade de Augusto, tão diferente, em seu requinte e esplendor, da aldeiazinha de pastores, fundada por Rômulo; Horos fala de Propércio e da missão que este deverá cumprir, como poeta.

As elegias IV, 2; 4; 6; 9 e 10 são etiológicas: explicam as razões que determinaram a existência de coisas ligadas ao mundo romano – a estátua do deus Vertumno, a rocha Tarpeia, o templo de Apolo, o grande altar de Hércules e o templo de Júpiter Ferétrio.

São elegias influenciadas pelo *Poema sobre as origens*, de Calímaco, mas revelam romanidade pelos assuntos que exploram.

O estilo de Propércio é muito diferente do de Tibulo. Enquanto este primava pela simplicidade, conferindo um fluir espontâneo à frase, Propércio escreveu de maneira complexa e elaborada. Os períodos se alongam de forma tortuosa, o vocabulário é sofisticado, as figuras se acumulam. Elementos ornamentais de natureza mitológica – alusões, comparações, apóstrofes, metáforas – se apresentam a todo momento, no correr dos poemas, dando-lhes, não raro, um tom sobrecarregado e artificial.

Como Tibulo, entretanto, Propércio também apregoou o amor desinteressado e puro, combateu a ambição e o luxo e fez a apologia da fidelidade e da paz.

A obra poética de Ovídio

Dos poetas líricos que viveram na época de Augusto, o mais versátil é, incontestavelmente, Ovídio (*Publius Ouidius Naso* – 43 a.C.-17 d.C.). Talentoso e culto, brilhante e original, refinado, elegante, irreverente e irônico, Ovídio surgiu no cenário romano entre 20 e 15 a.C. – não se pode precisar exatamente a data – com duas obras de caráter erótico: *Heroides* (*Heroidum epistolae*) e *Amores* (*Amores*).

As *Heroides* compõem um conjunto de vinte e uma cartas de amor, em versos elegíacos, escritas conforme os cânones alexandrinos, muito ao gosto da época. Nas quinze primeiras cartas, que constavam da coletânea original, simula-se que uma figura feminina mitológica esteja escrevendo a seu amante, esposo ou prometido (Penélope a Ulisses, Briseide a Aquiles, Dido a Eneias, Hermíone a Orestes, etc.). Entre as personagens mitológicas, cedeu-se um espaço a Safo – a famosa poetisa grega – para que confessasse seu amor a Fáon. A essas cartas foram acrescentadas mais tarde (em 6 ou 7 d.C.) outras seis, cuja autoria foi posta em dúvida. São três pares de missivas nas quais três heróis do mito (Páris, Leandro e Acôncio) se dirigem a suas respectivas amadas (Helena, Hero e Cídipe) e estas respondem a eles.

As figuras femininas, nas *Heroides*, se assemelham a damas da sociedade da época, em suas características: são vaidosas, frívolas, mundanas. Daí, talvez, o grande sucesso da obra, em Roma. O estilo de Ovídio é pitoresco e regular, mas as cartas de amor deixam entrever profunda influência dos exercícios literários realizados nas escolas de rétores.

Os *Amores* são um conjunto de elegias eróticas. Publicadas inicialmente em cinco livros e mais tarde condensadas em três, as elegias põem em destaque a figura de Corina. Contrariamente ao que ocorreu com Catulo, Tibulo e Propércio, cujos "biógrafos" tentaram identificar as mulheres mencionadas nos poemas, associando-as a pessoas reais, no caso de Ovídio a crítica foi sempre unânime em considerar Corina como mera criação. Talvez tenha contribuído para isso o fato de Ovídio ter organizado as elegias como capítulos sequentes de um romance que nos permite "acompanhar" os diversos momentos de um caso de amor.

No final do século I a.C., ou talvez no início de nossa era, três novas obras de Ovídio vêm à luz: *A arte de amar* (*Ars amatoria*), *Os remédios do amor* (*Remedia amoris*) e *Produtos de beleza para o rosto da mulher* (*De medicamine faciei feminae*).

A arte de amar é um conjunto de três livros escritos em dísticos elegíacos, nos quais o poeta, não sem certo perigo, dado o espírito moralizante que reinava, constrói uma verdadeira "teoria da sedução".

No primeiro livro ele mostra quais as principais ocasiões em que os homens podem aproximar-se do objeto de seu amor – em passeios, em edifícios públicos, no fórum, no teatro, no circo, em comemorações de triunfos, em banquetes – e dá conselhos sobre como agir para agradar à mulher. No segundo refere-se aos meios utilizados para prender a mulher amada: amabilidades, complacência, perseverança, presentes, devotamento, manifestações de ciúme. No terceiro discorre sobre as artimanhas da mulher para tornar-se amada: artifícios, penteados, roupas.

O estilo de Ovídio nessa obra é ligeiramente rebuscado, graças aos recursos retóricos de que ele se vale. O extrato abaixo oferece uma amostra desse estilo:

Tu foste o primeiro, Rômulo, a transformar os jogos em
[cuidados de amor
quando a sabina roubada trouxe prazer aos homens
[sem esposas.
As cortinas, nessa época, ainda não pendiam dos marmóreos teatros
e os palcos não eram tingidos com o líquido açafrão;
galhos arrancados dos bosques palatinos
eram lá colocados simplesmente: o cenário era sem arte.
O povo se assentava em degraus de relva
e coroas de folhas enfeitavam as cabeleiras rudes.

(Ovid. *A. A.* I, 100-108)

A arte de amar é um valioso documento para o conhecimento de muitos aspectos da vida social da época de Augusto, afigurando-se, também, como curioso estudo da psicologia feminina.

Um pouco depois da publicação desse texto, e talvez para responder a críticas formuladas em relação ao poema, Ovídio oferece aos leitores romanos *Os remédios do amor*. O poema é perpassado de um leve tom irônico e retrata, mais uma vez, a frivolidade e a inconsequência de uma faixa expressiva da sociedade de Roma.

Quanto aos *Produtos de beleza*, temos apenas um fragmento. A aridez do assunto faz com que a obra tenha um cunho mais didático do que propriamente lírico.

Após esses trabalhos, a produção poética de Ovídio toma novo rumo. Imbuído do mesmo ideal alexandrino que o havia feito compor as *Heroides*, o poeta retoma o tema mitológico – que explorara também na tragédia *Medeia* – e se dispõe a escrever uma obra de grande envergadura: as *Metamorfoses* (*Metamorphoseon libri*).

Inspirando-se em poetas alexandrinos, tais como Nicandro de Colofão, Antígono de Caristos, Calímaco e Partênio de Niceia, Ovídio compõe, em versos hexâmetros, um longo poema, em quinze livros, encadeando cerca de duzentas e cinquenta lendas etiológicas que mostram a origem dos mais diversos seres (mares, astros, fontes, plantas, animais) como produtos de metamorfoses.

É difícil classificar-se esse poema de Ovídio em relação a uma espécie ou gênero literário. Não é uma epopeia, apesar do tom épico, dos versos hexâmetros e do emprego sistemático da narração. Não se caracteriza também como poema didático, pois que, mesmo que quiséssemos considerá-lo como uma tentativa de explicar o universo pela teoria neopitagórica que admite a reencarnação da alma, iríamos esbarrar, sem dúvida, na falta de qualquer fundamentação científica, no superficialismo e no tratamento irônico e brincalhão dado a algumas lendas.

Preferimos, portanto, considerá-lo como um texto bastante próximo dos poemas líricos: uma sucessão de quadros coloridos e belos, onde não falta o movimento, a caracterização pessoal e a expressão da sentimentalidade.

O talento descritivo de Ovídio salta aos olhos em qualquer momento. A descrição do palácio do Sol, por exemplo, inserida na metamorfose de Faetonte, mostra a preocupação com os detalhes e a capacidade de compor uma imagem de grande plasticidade, capaz de competir com a pintura da época:

> O palácio do Sol se elevava sobre altas colunas,
> faiscante pelo brilho do ouro e do cobre que imitava o fogo;
> o marfim resplandecente cobria o cimo de seu teto
> e os dois batentes da porta cintilavam com a luz da prata.
> A arte superava os próprios materiais. Mulciber ali esculpira
> a imagem dos mares que cercam as terras interiores,
> o globo terrestre e o céu que se sobrepõe ao mundo.
>
> (Ovid. *Met.* II, 1-7)

Por outro lado, as personagens das historietas são trabalhadas psicologicamente, o que lhes confere força vital. As ninfas por vezes têm traços que lembram as donzelas romanas; e os deuses, em alguns momentos, se assemelham aos jovens que frequentam a vida mundana da cidade. Nada mais gracioso, por exemplo, do que a cena em que Apolo encontra no bosque a bela Dafne:

> Ele observa seus cabelos naturais, caindo-lhe pelos ombros
> e pensa: como seria se eles fossem penteados com capricho?
> Observa os olhos brilhantes, semelhantes a astros, observa a boca
> [pequenina
> que não é suficiente apenas ver; admira-lhe os dedos, as mãos,
> os punhos e os braços, descobertos em sua maior parte,
> e julga que o que se esconde deve ser melhor ainda.
>
> (Ovid. *Met.* I, 497-502)

A moça se assusta com a visível sensualidade do deus. E corre morro acima, buscando refúgio:

> O vento desnudava-lhe o corpo,
> o sopro, vindo em sentido contrário, agitava-lhe as vestes
> e a brisa suave impelia seus cabelos, jogando-os para trás.
>
> (Ovid. *Met.* I, 507-510)

O sentimento se faz presente a cada passo. A dor e a paixão – agentes muitas vezes determinantes das metamorfoses – levam à destruição do ser e só não provocam o aniquilamento total porque há a possibilidade de uma outra vida, em que a matéria se preserva, embora modificada. A metamorfose da ninfa Eco, que se transforma em pedra por não poder demonstrar ao belo Narciso a extensão de seu amor, caracteriza a exacerbação sentimental que pode provocar a morte:

Desprezada, ela se esconde nas florestas e protege entre as folhagens
o rosto envergonhado; vive, então, desde esse dia, nas grutas solitárias.
O amor, porém, subsiste, e cresce com a dor da repulsa,
o sofrimento e a vigília extenuam seu pobre corpo,
a magreza seca-lhe a pele e a doce umidade da carne
evapora-se no ar. Sobram-lhe a voz e os ossos.
A voz permanece. Os ossos assumem a forma das pedras.
Ela se oculta, então. Ninguém a vê pelos montes
mas todos podem ouvi-la: a voz é o que vive dela.

(Ovid. *Met.* III, 393-401)

A beleza e a delicadeza dos quadros mitológicos de Ovídio, revelando o brilho de uma imaginação exuberante, atravessaram os séculos. O pitoresco do estilo e a correção do ritmo poético compensam o compreensível artificialismo com que são encadeadas algumas das lendas: o material a ser elaborado era, com efeito, vasto demais; mesmo levando-se em consideração o virtuosismo e o talento do poeta, percebe-se que foi uma tarefa imensa tentar coordenar, aproximando-as e interligando-as, lendas que envolvem metamorfoses, iniciando-se com o mito do caos para terminar com a metamorfose de Júlio César.

Na extensa galeria, salientam-se as lendas da criação do mundo, das "quatro idades", da guerra dos gigantes, do dilúvio, do repovoamento do mundo, bem como as que se referem às figuras de Faetonte, Cadmo, Prosérpina, Aracne, Níobe, Ícaro, Orfeu, Cicno e Hécuba.

Ao mesmo tempo que compunha as *Metamorfoses*, Ovídio se ocupava também de outro poema de grande envergadura e de cunho didático ao qual nos referiremos mais adiante: os *Fastos*. Em 8 d.C., entretanto, antes que o poeta desse os últimos retoques nas *Metamorfoses* e concluísse os *Fastos*, um fato até hoje obscuro o fez enveredar por novo rumo poético: Augusto o condena ao exílio na distante e selvagem cidade de Tomos, no Ponto Euxino.

Mesmo considerando-se que o conhecimento da vida de um escritor é irrelevante para a compreensão de sua obra, no caso especial de Ovídio o exílio explica a radical reviravolta operada em sua poesia, no que diz respeito à temática.

Distante da pátria, inconformado, amargurado, Ovídio extravasa o sofrimento nas melancólicas elegias que compõem os *Cantos tristes* (*Tristia*) e as *Cartas pônticas* (*Epistolae ex Ponto*).

Nos *Cantos tristes*, em cinco livros, o poeta fala de sua viagem, descreve o país inóspito em que se encontra e se dirige a amigos e conhecidos protestando sua inocência e lamentando-se de sua sorte. O tom é sombrio, as tristezas e a dor se acrescentam à ideia da velhice que se aproxima, com as inevitáveis dificuldades:

> Minhas têmporas já estão imitando a plumagem dos cisnes,
> a idade embranquece meus cabelos negros.
> Sobrevêm os anos de fraqueza e a época das doenças;
> já vacilo ao andar, é difícil caminhar de um lugar para outro.
>
> (Ovid. *Tr.* IV, 8, 1-4)

Não falta, entretanto, nos poemas – o que se explica pela situação do poeta em relação ao imperador –, o servilismo representado pela adulação.

As *Cartas pônticas*, em quatro livros, são dirigidas a familiares do poeta e a pessoas influentes que viviam em Roma. A temática é semelhante à dos *Cantos tristes*.

Essas elegias são os últimos poemas líricos de Ovídio. Somam-se a elas, também escritos no exílio, o panfleto *Íbis*, no qual o poeta ataca um advogado com bastante violência, e um poema didático, um tratado sobre a pesca, intitulado *Haliêutica*.

A poesia lírica pós-ovidiana

Depois de Ovídio não são muito numerosos os poetas líricos que se salientam pela qualidade de suas obras. Na época em que os príncipes júlio-claudianos exercem o poder, a filosofia, a história e a tragédia ainda florescem, mas a literatura, em seu conjunto, começa a declinar. No âmbito da poesia lírica propriamente dita, não há muitos nomes expressivos. Calpúrnio Sículo, durante o reinado de Nero, compõe pequenos poemas rústicos, inspirados nas *Bucólicas* de Virgílio. Estácio publica, entre 91 e 95 – já nos dias de Domiciano, portanto –, trinta e duas *Silvas* (*Silvae*), agrupadas em cinco livros: são poemas de circunstância, em sua maioria (epitalâmios, elegias, epicédios, epigramas, epístolas), escritos com virtuosismo, conquanto algo artificiais. Marcial escreve *Epigramas* (*Epigrammaton libri*), cerca de mil e quinhentos pequenos poemas sobre assuntos diversos que nos fornecem, em traços rápidos mas executados com precisão e maestria, preciosos retratos da vida romana da época. Realistas e divertidos, pitorescos e originais, revelam o talento de um artista, de estilo vivo, criativo e elegante, simultaneamente conciso e rico, variado e natural.

Em meados do século II – ou no século III, talvez –, de permeio a algumas obras sem maior importância, é publicado um belo poema lírico, de autoria discutível, denominado *A vigília de Vênus* (*Peruigilium Veneris*). Atribuído por vezes a

Floro, poeta africano, o poema se abre com uma exaltação à primavera, à qual se seguem estrofes laudatórias a Vênus, e se fecha com uma lamentação elegíaca, de grande delicadeza.

Nos séculos IV e V surgem os últimos líricos que a literatura latina produziu. De um lado podemos falar em líricos pagãos, entre os quais sobressaem os nomes de Ausônio (*Decimus Magnus Ausonius* – 309-394?) e Claudiano (*Claudius Claudianus* – 365-401?), ambos autores de epigramas, epitalâmios, epístolas e idílios. De outro, rememoramos a lírica cristã que desabrocha com os hinos de Prudêncio (*Marcus Aurelius Clemens Prudentius* – 348-410), bastante influenciados pelas odes de Horácio, os elogios e salmos de São Paulino de Nola (*Meropius Pontius Anicius Paulinus* – 353-431) e os panegíricos em verso de Sidônio Apolinário (*Caius Sollius Modestus Apolinaris Sidonius* – 431/2-486/7).

Nenhuma dessas obras, no entanto, pode ser colocada no mesmo plano daquelas que floresceram na época de Augusto, o momento de ouro da poesia latina.

A SÁTIRA LATINA

Reservamos um capítulo especial para a sátira pelo papel que essa modalidade literária, de difícil definição, desempenhou na literatura latina. Não só desperta interesse por suas próprias características, por afigurar-se como uma espécie de crônica social em versos, como também por ter sido amiúde considerada como um gênero poético original. A seu respeito, e levando em consideração o fato de não se inspirar em modelos gregos equivalentes, afirmou Quintiliano em *A formação do orador*: "a sátira é toda nossa" (*satura tota nostra est* – Inst. Orat. X, 1, 93).

É preciso, porém, fazer uma distinção entre as sátiras literárias que chegaram até nossos dias, trazendo preciosas informações sobre a vida cotidiana do romano, e a *satura* dramática da época primitiva. As sátiras literárias, produzidas por diversos autores, são composições poéticas narrativo-dissertativas ou dialogadas, que, apresentando fatos ou pondo pessoas em foco, ridicularizam os vícios e defeitos de maneira jocosa ou indignada e assumem não raro um tom filosófico-moral; a *satura* dramática, à qual já nos referimos, é uma modalidade teatral rudimentar, que nunca encontrou expressão escrita e que resulta da combinação de cantos fesceninos com danças mímicas.

A mesma palavra – *satura* – foi utilizada para designar duas coisas distintas: a forma dramática embrionária e a espécie literária da qual nos ocuparemos a seguir.

Da forma dramática, que desapareceu em sua condição de modalidade primitiva, temos apenas vagas referências. Possivelmente, dado o seu caráter cômico, os atores se valessem de brincadeiras e caçoadas na representação, sendo esse, talvez, o ponto de contato com a sátira literária que também usava a zombaria como um de seus ingredientes essenciais.

Muitas elucubrações linguísticas foram feitas em torno da palavra *satura*. Alguns nela viram uma possível origem grega, aproximando-a do nome dos *sátiros* (*satyroi*), divindades campestres associadas aos faunos e presentes nos dramas satíricos. Tais dramas, porém, nada têm a ver com a *satura* dramática. De outro lado, como a palavra *satura* designava também a cesta de primícias de frutas de várias qualidades, ofertada aos deuses no início do outono, e uma espécie de patê em cuja composição eram usados diferentes tipos de carne, a aproximação metonímico-catacrética possivelmente foi feita. A característica da *satura* – dramática ou literária – seria a exploração de assuntos variados em sua composição e a utilização de diversidade de metros e de tons. Em ambos os casos a *satura* pode ser considerada como criação latina.

Ênio foi o primeiro poeta romano a dar o nome de *Sátiras* (*Saturae*) a uma coletânea de poemas variados que compôs, em metros diversos, agrupando-os em quatro livros. Desses poemas restam apenas fragmentos, insuficientes para que neles sejam verificadas suas principais peculiaridades.

Considera-se, portanto, Lucílio como o criador da sátira latina.

A sátira de Lucílio

Lucílio (*Caius Lucilius* – 180-103 a.C.) pertencia à alta sociedade da época e era bastante rico; por essa razão, ao escrever suas sátiras, teve liberdade suficiente para atacar tudo aquilo que julgou censurável: a venalidade dos homens públicos, a corrupção, a vaidade, o luxo, a gula e até mesmo o esnobismo helenizante daqueles que repudiavam sua própria cultura e língua.

Compondo trinta livros de sátiras, dos quais restam cerca de 1.400 versos, Lucílio se refere, no prefácio do livro XXVI, a sua "intenção literária": escrever com simplicidade, espontaneidade e realismo. A essas características que iriam marcar sua obra poderíamos acrescentar o moralismo, a franqueza e a precisão.

Diversos são os temas abordados nas sátiras. De maneira geral Lucílio ridiculariza o que considera como defeito a ser corrigido, merecendo especial menção as sátiras em que o poeta, apontando modismos de estilo e de linguagem, acaba por apresentar questões de interesse literário.

Um tom filosófico-moralista perpassa sua obra; embora ele não se filiasse rigorosamente a uma corrente de pensamento nem procurasse divulgar princípios doutrinários, valeu-se da moral comum, própria das pessoas de bom senso.

Lucílio se utilizou de muitos tipos de versos (jâmbicos, trocaicos, dísticos elegíacos), empregando predominantemente o hexâmetro que se tornaria mais tarde o metro usual dos poetas satíricos. Seu estilo, um pouco irregular – decorrência, talvez, do pouco tempo de que dispôs para escrever obra tão vasta –, chegou a ser censurado por alguns, mas não foi levado em conta na avaliação dos méritos de um pioneiro que agradou ao público e exerceu enorme influência sobre a literatura posterior.

Varrão e as *Sátiras menipeias*

Após Lucílio, a sátira vai encontrar muitos cultivadores em Roma. Entre eles não poderíamos deixar de citar Varrão (*Marcus Terentius Varro* – 116-27 a.C.), autor de uma obra imensa e variada, da qual, infelizmente, pouca coisa restou. Entre os 74 trabalhos que escreveu – 600 livros, aproximadamente – estão as *Sátiras menipeias* (*Saturae Menippeae*), cerca de cento e cinquenta poemas inspirados nas diatribes de Menipo de Gádara, filósofo grego do século IV a.C. Como nesses textos Varrão mistura prosa e verso, a expressão *sátira menipeia* passou a designar uma forma literária mista não só sob o aspecto formal mas também quanto aos conteúdos e ao tom.

Os fragmentos supérstites dessas sátiras demonstram que o escritor sofreu influência de Ênio e de Lucílio e atestam a finalidade moralística dos poemas; aproveitando-se dos múltiplos incidentes que marcaram a vida romana da época, Varrão aproveitou todas as ocasiões para refletir sobre ela, baseando sua reflexão no suporte da filosofia popular.

As *Sátiras* de Horácio

Entre 41 e 30 a.C., Horácio compôs suas primeiras obras: os *Epodos* (*Epodoî*), dezessete poemas líricos de tom satírico, e as *Sátiras* (*Sermones*), em dois livros. O mesmo caráter jocoso, resvalando pelo irônico e, por vezes, pelo mordaz, perpassa essas obras nas quais se percebe também, a todo momento, a preocupação filosófica. Os *Epodos*, conquanto sejam usualmente considerados apenas como poemas líricos, estão muito próximos das *Sátiras*. É certo que no primeiro poema dos *Epodos* Horácio fala de sua amizade por Mecenas, da vida simples que se leva no campo e da paz que almeja acima de tudo; que no nono há uma exaltação à vitória de Augusto, em Ácio, e no décimo sexto a lembrança idealizada de uma nova idade de ouro. Temas tais o fazem prenunciar as *Odes*, das quais se aproximam. Todavia, a influência de Arquíloco – poeta lírico grego do século VII a.C., que utilizou metros jâmbicos para expressar o lirismo satírico – se faz presente em alguns ataques pessoais contra figuras vivas, na ironia sutil que se desprende dos poemas e na evidente preocupação com a pregação de caráter moral: característica peculiar da poesia dita satírica.

Os *Epodos* são, portanto, uma espécie de elemento mediador entre as *Sátiras* e as *Odes*, mostrando de forma ainda não muito pronunciada as qualidades do poeta que iria renovar o gênero satírico, em Roma.

Nas *Sátiras* essas qualidades desabrocham. Embora Horácio não tenha conseguido libertar-se totalmente da influência de Lucílio, a quem, aliás, criticou com alguma dureza, deu uma nova configuração à sátira. Enquanto em Lucílio a invectiva era violenta, em Horácio ela se abranda, dissimulando-se, por vezes, em brincadeira. É possível que os próprios momentos históricos em que viveram ambos os poetas, bastante diferentes um do outro em suas características, tenham sido os grandes responsáveis por essa diversidade de características: o período dominado pela figura de Augusto é mais adequado à bajulação e à lisonja do que ao ataque feroz e frontal.

Horácio prefere, em algumas circunstâncias, censurar, por meio da sátira, não uma pessoa determinada, portadora de um certo defeito, mas o defeito, em si, em sua universalidade e generalidade. Desaparece, dessa forma, o tom agressivo e indignado que foi uma das tônicas da sátira de Lucílio, cedendo lugar a um linguajar menos inflamado e retórico, que consegue atenuar o próprio ridículo das coisas.

Diversos são os assuntos tratados por Horácio nas *Sátiras*. No livro I, composto de dez poemas, o poeta aborda temas morais – insatisfação com a própria condição (I, 1), perigo de cair num erro quando se evita outro (I, 2), falsidade dos julgamentos (I, 3) –, focaliza problemas de natureza literária (I, 4 e I, 10), trata de magia e feitiçaria (I, 8), simula encontros de pessoas que trocam ideias (I, 7 e I, 9) e fala de si próprio (I, 5 e I, 6).

No livro II, composto de oito sátiras, Horácio volta a focalizar problemas de ordem moral: a sobriedade (II, 2), a loucura humana (II, 3), a liberdade (II, 7). A gastronomia e a importância conferida aos prazeres da mesa são ridicularizados em dois poemas (II, 4 e II, 8), enquanto em outros três o poeta se ocupa de questões diversas: problemas literários (II, 1), jurídicos (II, 5), vantagens oferecidas pela vida simples (II, 6).

A linguagem de Horácio é extremamente cuidada – e, sob esse aspecto, diferencia-se da de Lucílio; a versificação é correta e o estilo elegante e agradável. O apuro técnico, preconizado nas sátiras nas quais se propõem questões literárias, se realiza, pois, na prática. As imagens, originais e espirituosas, dão um toque especial ao texto. Os procedimentos artísticos revelam virtuosismo, tanto no manejo da narração como do diálogo.

O trecho abaixo, extraído da sátira I, 9, documenta essas afirmações:

> Andava eu, casualmente, pela Via Sacra, como é meu costume, pensando em não sei que coisas, sem importância, mas totalmente mergulhado nelas. Eis que se aproxima, então, de mim, um fulano que eu conhecia só de nome. Agarra-me a mão:
> – Como vai você, minha doçura?
> – Eu ia bem, até agora, respondi. Querendo o que você quer.
> Como ele me seguisse, eu perguntei:
> – Você quer alguma coisa?
> Ele respondeu:
> – Você deve conhecer-me. Sou um intelectual.
> E eu:
> – Ótimo saber disso.
> Aborrecido, querendo escapar dele, eu ora andava mais depressa, ora parava e dizia não sei o quê ao ouvido de meu escravo, enquanto o suor começava a escorrer-me até os calcanhares.
> – Ó Deus! Que cabeça oca, dizia comigo mesmo, enquanto ele tagarelava, elogiando as ruas e a cidade.
> Como eu nada lhe respondia, ele falou:
> – Que droga! Você está querendo fugir. Eu já percebi há muito tempo que você quer escapar. Mas você não vai fazer isso. Agora eu peguei você e vou acompanhá-lo. Daqui para onde é que você vai?
> – Você não precisa ficar dando voltas comigo. Vou visitar uma pessoa que você não conhece e que está de cama, longe daqui, no outro lado do Tibre, perto dos jardins de César.
> – Não tenho nada para fazer e não sou preguiçoso. Vou acompanhar você até lá.
>
> (Hor. *Sat.* I, 9, 1-19)

É apenas um fragmento da sátira. Mas é bastante eloquente, cremos, para demonstrar a capacidade de Horácio em caracterizar pessoas, ridicularizando defeitos com espírito e humor.

A sátira pós-horaciana: a *Apocolocintose* de Sêneca

Se, na época de Augusto, o ambiente político era desfavorável à sátira sarcástica e virulenta, a situação se agrava no momento em que exercem seus mandatos imperadores totalitários e intransigentes como Tibério, Calígula e Cláudio. Na época de Nero, todavia, o gênero volta a encontrar adeptos, reaparecendo com a *Apocolocintose* (*Apocolocynthosis*) de Sêneca e as *Sátiras* (*Saturarum liber*) de Pérsio.

Para compreender a *Apocolocintose* e tentar chegar às razões que teriam determinado a elaboração do texto, é importante conhecer alguns pormenores da vida de Sêneca. Figura de projeção no mundo literário e político, Sêneca fora banido de Roma por Cláudio, em 41, por prováveis intrigas palacianas. Após permanecer oito anos exilado na miserável ilha de Córsega, foi redimido – graças à intervenção de Agripina, que se casara com Cláudio – e pôde retornar a Roma. Tornou-se então preceptor do jovem Nero, filho de Agripina, adotado pelo imperador, passando a desfrutar de invejável posição. Após a morte de Cláudio, em circunstâncias estranhas e discutíveis, provavelmente envenenado pela própria esposa, Sêneca escreveu um elogio fúnebre que foi lido por Nero, durante os funerais. Mas logo depois, uma vez que nunca perdoara a Cláudio os males que este lhe causara ao bani-lo da cidade, Sêneca, num autêntico ato de vingança tardia, compôs a *Apocolocintose* deixando que seus sentimentos ali se extravasassem.

Durante a realização dos funerais dos imperadores ilustres, costume que se iniciou com Júlio César, ocorria a cerimônia da apoteose do morto, ou seja, sua deificação, sua transformação em deus.

A *Apocolocintose* – "aboborificação", literalmente – parodia o que poderia ser a narração de uma apoteose: é o relato de como o imperador, após a morte, foi recebido no Inferno pelos deuses. Sátira menipeia – com partes em verso alternadas com outras em prosa –, engraçada, espirituosa e imaginativa, a *Apocolocintose* caricatura o morto e prenuncia uma nova idade de ouro: a época que se inicia com o governo de Nero.

Esse aspecto do gênio criativo e satírico de Sêneca é observado também em alguns trechos das obras filosóficas, nas quais o escritor relembra anedotas e fatos pitorescos, oferecendo-nos flagrantes curiosos da vida romana.

Na *Apocolocintose*, porém, a capacidade para a sátira é demonstrada em toda a sua extensão. Sêneca constrói a figura de um Cláudio abobalhado, surdo, ridículo e maldoso, que assiste ao próprio enterro e custa a perceber que está morto:

> Era o mais belo funeral de todos os séculos; organizado nos mínimos detalhes: percebia-se que era o enterro de um deus. Era muito grande o número dos flautistas, dos corneteiros, dos tocadores, em geral. Era tão grande o barulho que até Cláudio podia ouvir. Todos estavam alegres, em festa. O povo romano passeava, sentindo-se livre.
>
> (Sen. *Apoc.* XII, 1-2)

Ao receber a punição – jogar dados por toda a eternidade, usando para lançá-los um copo sem fundo –, o imperador se apressa em cumpri-la:

E Cláudio começa, no mesmo momento: corre atrás dos dados, que fogem sempre dele, sem nada conseguir.

(Sen. *Apoc.* XIV, 5)

A jocosidade e a zombaria se apresentam em todo o texto, sobretudo nas paródias de Homero e de suas próprias tragédias, quando Sêneca coloca uma linguagem comicamente solene na boca de verdadeiros rufiões.

Após Sêneca, a sátira latina vai encontrar dignos representantes em Pérsio e Juvenal. A obra de Petrônio, considerada por alguns como sátira menipeia, dado o seu caráter bastante particular, será estudada em outro capítulo, quando o romance latino for analisado. Sobre a obra dos outros dois poetas, tecemos, a seguir, algumas considerações.

As *Sátiras* de Pérsio

Contemporâneo e amigo de Sêneca, embora muito mais jovem do que o poeta-filósofo, Pérsio (*Aules Persius Flaccus* – 34-62) deixou para a posteridade uma pequena coletânea de seis sátiras, publicadas após a morte prematura do poeta.

Duas influências dominantes marcam a obra de Pérsio: a de Lucílio, o criador da sátira latina, cuja obra o escritor teria lido na juventude, e a de Cornuto, que, com suas lições, iniciara o jovem no conhecimento do estoicismo.

São variados os assuntos explorados por Pérsio nas *Sátiras*. A primeira versa sobre uma questão literária. É um diálogo em que o eu-narrador discute com um poeta anônimo, defensor da poesia moderna, e combate as tendências helenizantes. As demais se ocupam de problemas de moral e religião: o sentido da oração (II), a necessidade de estudar para vencer a preguiça (III), o autoconhecimento e a presunção dos grandes filósofos (IV), a liberdade obtida pelo conhecimento da filosofia (V), a riqueza e a avareza (IV).

O trecho abaixo, extraído de um poema, oferece uma amostra do trabalho de Pérsio:

Conta o dia de hoje, Macrino, entre os marcados com a pedrinha
[branca
que te acrescentará muitos anos, a decorrerem ainda.
Derrama vinho em homenagem a teu Gênio protetor. Tu não
[suplicas, numa prece interesseira,
nada que não possas merecer dos deuses, sem precisar enganá-los.
Uma boa parte dos homens importantes sacrifica às divindades,
[tirando incenso da naveta.
Não está ao alcance de todo mundo abolir dos templos os
[cochichos humildes e os sussurros
e viver de votos expressos às claras: "Juízo, glória, fidelidade".
Os votos são ditos em alta voz, para que o hóspede ouça.
Mas no íntimo de si mesmo, murmura-se, entre os dentes:
"Ah! se ele morrer terá funerais condignos!"

(Pers. II, 1-10)

As sátiras filosóficas têm a forma de carta ou de discurso. As ideias expressas pelo poeta se baseiam em conhecimentos teóricos sobre a doutrina estoica e não em convicções profundas ou experiências vividas. A juventude do escritor – o que teria, provavelmente, determinado essa característica – também pode ser responsabilizada por certa irregularidade no estilo: brilhante em alguns momentos; descambando para a obscuridade, o hermetismo e o mau gosto em outros.

A obra de Juvenal

Vivendo entre o fim do século I e o início do século II d.C., Juvenal (*Decimus Iunius Iuuenalis* – 60?-130?) escreveu dezesseis sátiras (*Satyrae*), nas quais, com realismo e alguma violência, censurou os vícios da época e discorreu sobre questões de moral. As sátiras se agrupam em cinco livros, embora, para efeito de indicação, costumem ser numeradas em sequência.

O livro I apresenta cinco sátiras, cujo tom é áspero e agressivo, próprio de quem pretende acusar para corrigir. Nelas Juvenal explorou os seguintes assuntos: a vocação do poeta satírico (1), a hipocrisia (2), os problemas da vida citadina (3), a prodigalidade e a tolice dos nobres (4), o parasitismo (5). São poemas que demonstram grande originalidade. O livro II contém apenas uma sátira (6), na qual o poeta se detém em considerações sobre as mulheres; o livro III apresenta três poemas que focalizam, respectivamente, a miséria sofrida pelos homens de letras (7), as características da verdadeira nobreza (8) e o problema da devassidão (9). O tom das sátiras se modifica nos livros IV e V, aproximando-se do de Pérsio. No livro IV Juvenal fala da natureza dos votos (10), do luxo excessivo e dos prazeres da mesa (11), e do retorno de um ente querido (12); no livro V aborda assuntos relacionados com o remorso (13), o valor do exemplo na educação (14), as superstições egípcias (15) e as vantagens da carreira militar (16). A última sátira não está completa.

Variadas quanto ao assunto, as sátiras de Juvenal também o são quanto à extensão: a mais curta tem 130 versos e a mais longa, 660. O estilo, embora monótono em alguns trechos, é brilhante, rico e carregado de retoricismo. São abundantes os recursos ornamentais empregados para a obtenção de efeitos estéticos:

> Quando um eunuco efeminado se casa, quando Mévia
> trespassa um javali toscano e maneja as setas com o seio descoberto,
> quando um único homem desafia todos os patrícios
> [com suas riquezas
> – um homem que me raspava ruidosamente a barba, na juventude –,
> quando uma pessoa proveniente da plebe do Nilo,
> um escravo de Canopo, um Crispino qualquer,
> arrepanhando ao ombro o manto tírio, ostenta um anel de ouro
> em seus dedos suados e não consegue suportar o peso
> de uma joia maior, é difícil não escrever sátiras.
>
> (Iuuen. 1, 22-30)

Embora realista, Juvenal não se atém apenas a sua própria época: pinta a realidade do passado, censurando, às vezes com bastante indignação, os vícios e defeitos de um momento pretérito.

Consideradas como desprovidas de atualidade, as sátiras de Juvenal, contudo, focalizam questões relativamente perenes, pondo-as em destaque:

> Em todas as terras que se entendem do Gades ao Ganges são
> poucos os que, dissipando as névoas da ignorância, sabem
> distinguir os verdadeiros bens daqueles que lhes são opostos.
> O que é que tememos ou desejamos racionalmente? Qual a coisa
> que, iniciando-se com bons augúrios, não é motivo de
> [arrependimento?
>
> (Iuuen. 10, 1-6)

O interesse atual pela obra do poeta decorre, em parte, de sua capacidade para expressar o universal.

A POESIA DIDÁTICA

Se considerarmos a poesia como a arte que se vale do verso para expressar a beleza, poderia parecer até certo ponto paradoxal colocá-la a serviço do conhecimento. A linguagem verbal, entretanto, é, por excelência, o veículo da informação. Nos gêneros poéticos tradicionais – épica, drama, lírica – o poeta informa, por meio do verso. A qualidade dessa informação, todavia, é discutível. Como a ficcionalidade desempenha importante papel na composição literária, torna-se difícil distinguir a informação verdadeira da meramente fictícia. Tal fato, porém, não se reveste de maior importância: a literatura, dada a sua própria condição, tem compromissos com a *sua* verdade mas não com a veracidade.

Assim sendo, poderia parecer estranha a utilização da poesia para transmitir o saber. Em Roma, contudo – como, de resto, também havia ocorrido na Grécia –, foi frequente essa prática. O verso, como lembramos anteriormente, tem uma rigidez que lhe assegura uma quase total imutabilidade. Para preservar-se, portanto, uma noção qualquer, nada melhor do que subordiná-la a um esquema métrico-rítmico fixo.

O romano sempre demonstrou ter espírito prático e pragmático. Ao aprender a manejar o verso, foi levado, evidentemente, a descobrir-lhe uma função utilitária. E nasceu dessa forma a poesia didática, que coexistiu com os demais gêneros poéticos em todas as fases da literatura latina.

Na época primitiva surgiram, sob forma de oráculos (*uaticinia*), predições (*sortes*) e provérbios (*sententiae*), as primeiras manifestações, ainda embrionárias, da poesia didática. Alguns desses versos se mantiveram até a época clássica e foram reproduzidos por historiadores.

Ápio Cláudio Cego (*Appius Claudius Caecus*), o primeiro escritor latino de que se tem notícia, conhecida figura política do final do século IV a.C., compôs, ao lado de discursos e tratados, uma coletânea de sentenças morais em versos, das quais apenas três chegaram à posteridade:

> [...] manter a alma equilibrada para que não possam surgir
> o engano, a maldade, a violência;
>
> Quando vês um amigo, te esqueces do sofrimento;
>
> Cada um é fabricante de sua própria sorte.

Embora não sejam suficientes para que se aquilatem as qualidades do poeta, mostram nitidamente o caráter didático de que se revestiam.

Cerca de um século depois é a vez de Ênio apresentar ao público suas obras de caráter didático. Se não se pode falar com segurança do tom filosófico de suas sátiras, *Evêmero* (*Euhemerus*) e *Epicarmo* (*Epicharmus*) são, sem menor dúvida, poemas didáticos por ele compostos. O primeiro, uma espécie de romance geográfico, divulgava o pensamento cosmológico de Evêmero, filósofo grego que viveu no século III a.C.;

o segundo era uma exposição da cosmogonia pitagórica feita pelo cômico siciliano Epicarmo.

Perderam-se, infelizmente, esses textos, assim como também se perdeu o *Poema sobre os costumes* (*Carmen de moribus*) de Catão, uma coletânea de provérbios em verso, compostos nos antigos moldes poéticos.

É pouco, portanto, o que se conhece sobre essas primeiras manifestações da poesia didática. Esta só vai desabrochar em sua plenitude com o poema *Sobre a natureza*, de Lucrécio, e as *Geórgicas*, de Virgílio, no século I a.C.

A obra de Lucrécio

Não se têm muitas informações sobre a vida de Lucrécio (*Titus Lucretius Carus* – 99?-55? a.C.). Os dados de que dispomos são discutíveis e seu nome não é associado a acontecimentos históricos, políticos ou culturais. A única obra que compôs, o poema *Sobre a natureza* (*De rerum natura*), foi publicada após a sua morte, por Cícero, que, embora combatesse violentamente o epicurismo, reconheceu na obra de Lucrécio o talento do poeta e a arte da composição.

Sobre a natureza é um texto de fôlego. Nele Lucrécio procurou reproduzir, em versos hexâmetros, toda a doutrina de Epicuro, filósofo grego que vivera em Atenas entre os séculos IV e III a.C.

Trata-se, como se sabe, de uma doutrina bastante complexa. Epicuro quis demonstrar que a felicidade do homem reside no prazer e que este consiste na ausência de dor para o corpo (*aponia*) e de perturbações para a alma (*ataraxia*). Só se chega, entretanto, a essa paz interior quando o espírito se liberta de seus medos maiores: medo dos deuses, da morte, das punições infernais. Para libertar o homem desses medos, Epicuro construiu sua doutrina. Mostrou que os deuses existem, mas não interferem na natureza e, por conseguinte, na vida do homem; que a morte é um fenômeno natural, inerente à matéria; que a pós-vida é ilusória, já que o espírito é material e mortal. Para chegar a isso, montou complexa teoria física, baseada nas ideias atomísticas de Demócrito.

Lucrécio expõe toda essa doutrina nos cantos de seu poema.

O epicurismo já era conhecido em Roma, desde o século anterior; Amafínio, no final do século II a.C., escrevera um tratado filosófico, onde expusera alguns dos pontos que caracterizavam o sistema de Epicuro. O trabalho, entretanto, não teve grande repercussão e a doutrina só encontrou seu grande porta-voz em Roma quando Lucrécio, exaltando Epicuro a ponto de considerá-lo um deus, consagrou sua vida à composição de *Sobre a natureza*.

Dedicado a Mêmio, poeta e erudito romano, o poema se compõe de seis livros ou cantos.

No primeiro livro, que se inicia por uma discutida invocação a Vênus, seguida de um elogio a Epicuro – aquele que libertou a humanidade do temor dos deuses –, Lucrécio discorre sobre a matéria e o vácuo. Retomando ideias antes exploradas por Demócrito, defende o princípio de que nada se cria e nada se destrói: tudo se reintegra na massa material que forma o universo, constituído este de partículas mínimas e indivisíveis, os átomos, partículas que, agrupando-se em combinações múltiplas, compõem os corpos e os seres.

No segundo livro, iniciado por um elogio à filosofia, Lucrécio demonstra que tudo nasce do movimento e das combinações dos átomos, cuja propriedade especial, o *clinamen*, explica tudo. Mostrando como se processa a origem da vida, Lucrécio nega a interferência dos deuses no mundo dos homens.

O terceiro livro – quiçá o mais importante do conjunto – é um estudo sobre a natureza da alma. Por meio de argumentos encadeados, Lucrécio procura provar que a alma é material e mortal, nascendo e morrendo com o corpo. A sobrevida do espírito numa região especial, o mundo dos mortos, é mera ilusão humana, nada podendo existir após a morte. Como o primeiro livro, o terceiro também se inicia por um elogio a Epicuro.

No quarto livro, Lucrécio fala das sensações que nascem de *simulacra* emitidos pelo corpo. Os sentidos não enganam, embora o homem possa equivocar-se na interpretação daquilo que percebe por meio de seus órgãos sensoriais.

No quinto livro, o poeta, mais uma vez, faz um elogio a Epicuro. Discorre, em seguida, sobre a formação do universo, desenvolvendo teorias cosmológicas, e fala do surgimento do homem e das civilizações.

O último livro se abre com um elogio a Atenas, a pátria de Epicuro. Lucrécio disserta, em seguida, sobre os fenômenos meteorológicos e as catástrofes naturais (tremores de terra, epidemias). A última parte do poema é a descrição da peste que assolou Atenas no século V a.C.

A importância do poema de Lucrécio pode ser avaliada de vários ângulos diferentes. De um lado, o poema romano preservou os ensinamentos de Epicuro. Da vasta obra escrita pelo filósofo grego restaram apenas algumas cartas e máximas esparsas. Se não tivéssemos a obra de Lucrécio, pouco saberíamos, hoje, sobre os princípios defendidos pelo epicurismo.

Embora não possamos conhecer exatamente o grau da interpretação pessoal de Lucrécio, é de supor-se que o poeta tenha pautado seu pensamento pelo que vinha daquele que ele próprio considerou seu grande mestre. Suas palavras o afirmam com veemência:

> A ti que foste o primeiro a conseguir tirar de tão
> densas trevas uma luz tão brilhante, aclarando os bens
> da vida, eu te sigo, ó glória do povo grego. Quero
> colocar meus pés na marca de teus passos, não por
> ambicionar ser teu rival, mas por amor, pois que desejo
> vivamente imitar-te. Poderia, acaso, a andorinha medir-se
> com o cisne, ou o cabrito de pernas trêmulas igualar
> na corrida o vigor do cavalo forte? Ó pai, tu descobriste
> a natureza; como pai, tu nos ministras ensinamentos.
> Como as abelhas se nutrem nos bosques floridos,
> nós colhemos de teus livros, ó glorioso, todas as tuas
> palavras de ouro. Sim, de ouro, as mais merecedoras
> em todos os tempos, de viver eternamente.
>
> (Luc. *R. N.* III, 1-13)

Lucrécio parece ter realizado a intenção expressa. O confronto do que restou da obra de Epicuro com texto de *Sobre a natureza* mostra que a aproximação é grande.

De outro lado, o poema de Lucrécio tem um valor intrínseco como obra filosófico-literária. Embora alguns o considerem inacabado, houve, evidentemente, um plano de composição que o poeta concretizou. As ideias são expostas com clareza e lógica. A física se equilibra com a moral. É certo que algumas das informações oferecidas podem hoje ser contestadas: afinal, mais de dois milênios de avanço científico e tecnológico se colocaram entre a redação da obra e nossos dias. Há, entretanto, aspectos "modernos" na teoria apresentada: a noção de indestrutibilidade da matéria, a concepção de átomo, a impressão de que existem outros mundos além da terra, a explicação do surgimento das espécies por meio do evolucionismo.

Lucrécio revela grande preocupação com a verdade científica e, ao mesmo tempo, com a clareza do pensamento. Pretendeu, além do mais, escrever não apenas um tratado filosófico mas também um poema, uma obra de arte. Como poeta, cuidou da elegância, da originalidade e da beleza do estilo. Ponteou a obra com recursos retóricos: invocações, hinos, quadros descritivos. Embora a língua que emprega apresente alguns elementos arcaicos, e a versificação não seja, de todo, regular, a imaginação do poeta se manifesta amiúde no uso de belas imagens e metáforas.

Se sua sensibilidade se extravasou em muitos passos, em outros, como, por exemplo, na descrição da peste de Atenas, ele demonstrou sua grande capacidade de escrever com dramaticidade e realismo:

> Vinda dos confins do Egito, onde se havia originado,
> depois de uma longa viagem pelo ar, acima das terras
> inundadas, a peste se abateu, finalmente, sobre o povo
> de todo o Pandião. A partir desse momento, os homens
> se entregavam, em batalhões, à doença e à morte. Ficavam,
> inicialmente, com a cabeça ardendo em febre e os olhos
> vermelhos e brilhantes, com um fulgor estranho. No interior
> do corpo a garganta negra exsudava sangue, fechando-se
> o canal da voz, obstruído por úlceras. A língua, intérprete
> do espírito, sangrava, debilitada pela doença, pesada para
> mover-se, e áspera ao tato. Depois, pela garganta, o mal atingia
> o peito e acorria, com toda a sua intensidade, ao coração
> enfraquecido: desmoronavam-se, então, todas as barreiras
> da vida. O sopro, expirado pela boca, exalava um odor horrível,
> semelhante ao que exalam os cadáveres apodrecidos,
> abandonados no chão; depois o espírito perdia todas
> as suas forças e o corpo desfalecia, já no limiar da morte.
>
> (Luc. *R. N.* VI, 1141-1158)

Grande foi a influência exercida por Lucrécio. Muitos são os tributários de sua arte. Entre os antigos podemos lembrar Virgílio, Ovídio e Estácio.

As *Geórgicas* de Virgílio

Após a publicação de *Sobre a natureza,* em 56 a.C. provavelmente, a poesia didática latina só vai reencontrar um grande momento muitos anos mais tarde, ao serem publicadas as *Geórgicas* (*Georgica*) de Virgílio.

Composto entre 37 e 30 a.C., o poema é dirigido a Mecenas, ministro de Augusto e incentivador das artes, que, possivelmente, insistira com o poeta para que a obra fosse escrita. Muito já se discutiu sobre tal fato. Há os que veem em Virgílio um poeta original e cioso de sua inspiração artística, incapaz, portanto, de escrever poemas sob encomenda. Outros, porém, baseando-se nas próprias palavras do poeta ("Obedeço a tuas ordens não fáceis, Mecenas" – *G.* III, 40-41), consideram o texto como produto de uma possível sugestão ou recomendação de Mecenas, empenhado em colocar as letras romanas a serviço da política de Augusto: cantando a terra e os encantos da vida rural, o poema talvez pudesse incentivar o retorno ao campo de milhares de camponeses desempregados que superpovoavam a cidade, restaurando-se, também, a agricultura itálica, deixada em segundo plano durante o tumultuado período das guerras civis.

Não se sabe, porém, até que ponto teria o poema condições de atingir esses objetivos. Embora pelo assunto pudesse, talvez, interessar os veteranos do exército que haviam recebido terras, a linguagem e o estilo fazem das *Geórgicas* uma obra erudita, que só poderia ser lida e apreciada pela elite da sociedade, por aqueles que se haviam acostumado a manter contato com textos requintados e sofisticados, escritos com todos os recursos de uma linguagem poética elaborada e culta.

Dividem-se as *Geórgicas* em quatro livros, cada um dos quais com aproximadamente 500 versos. Nos cinco primeiros versos do livro I (composto provavelmente após o término da obra), Virgílio propõe a temática a ser desenvolvida:

> O que torna férteis as searas, sob que astros é conveniente
> revolver a terra, Mecenas, e amarrar as videiras às estacas,
> quais as preocupações em relação aos bois, que cuidados exige
> a criação do gado, qual a experiência com as frágeis abelhas,
> é por aí que começarei a cantar.
>
> (Verg. *G.* I, 1-5)

E assim procede o poeta. No livro I, após ter invocado divindades gregas e itálicas e dirigido palavras a Otávio, "que participaria, um dia, do conselho dos deuses", Virgílio começa sua exposição falando dos tipos de solo que é preciso conhecer antes de iniciar-se o cultivo, da necessidade que tem a terra de descansar entre uma seara e outra, da importância de alternarem-se as culturas. Em seguida, após ter-se referido à prática da queimada, discorre sobre os desejos e as dificuldades dos agricultores. Para o poeta, Júpiter foi o responsável pela dureza dos trabalhos agrícolas, não permitindo que, durante o seu reinado, os homens se tornassem preguiçosos. Antes dessa época, ou seja, na famosa Idade de Ouro, representada pelo reino de Saturno,

> [...] nenhum agricultor revolvia os campos;
> não era certo marcar uma área com sinais ou limitá-la.
> [...] a própria terra, livremente, produzia
> tudo, sem que ninguém precisasse pedir.
>
> (Verg. *G.* I, 125-128)

Essa época, entretanto, passou. Júpiter exigiu o trabalho dos homens, Ceres ensinou-os a revolver o solo; o trigo lhes serviu de alimento, mas foi necessária a invenção dos instrumentos para que as ervas daninhas pudessem ser vencidas.

Após esse interlúdio – quando as referências a velhos mitos permeiam de poesia o que poderia ser apenas uma árida explanação –, Virgílio fala do aplainamento da terra, das semeaduras, da relação existente entre as estações do ano e os trabalhos, da influência da Lua, das horas favoráveis ao desempenho de diversas tarefas e dos fenômenos meteorológicos em geral. Fala também dos prognósticos fornecidos pelos astros e termina o canto com uma prece aos deuses nacionais para que Otávio traga de volta a paz ao mundo. O fecho é veemente:

> [...] tantas guerras no mundo,
> tantas espécies de crimes; o arado não recebe as honras
> devidas; os campos desfalecem com a partida dos lavradores
> e as foices curvas se fundem em rígidas espadas.
>
> (Verg. *G.* I, 505-508)

O livro II se inicia com uma invocação a Baco, o deus do vinho. Após esse preâmbulo, Virgílio fala do nascimento espontâneo das árvores e das formas de reprodução que o agricultor deve conhecer. Estabelece preceitos de arboricultura, refere-se ao aprimoramento das espécies e relaciona as árvores com os tipos de solo que as produzem. Reserva grande espaço para considerações sobre a cultura das videiras e se refere também ao cultivo das oliveiras e de árvores frutíferas, em geral, e às plantas silvestres que produzem essências.

De permeio a informações de caráter técnico, há um momento de pura poesia quando Virgílio menciona a primavera, compondo um hino que se insere no poema:

A primavera é necessária à folhagem dos bosques e às florestas;
na primavera a terra se entumesce, a exigir sementes.
O Éter, então, pai onipotente, desce sob a forma de chuvas fecundas
ao seio da alegre esposa e, com toda a sua grandeza,
se une à grandeza do corpo da terra, gerando filhos.
Os matagais intrincados ressoam com o canto das aves
e o gado reclama por Vênus, nos dias adequados.
O campo fértil produz e o ventre da terra se abre
ao sopro quente do Zéfiro. Uma seiva suave se alastra por tudo;
os rebentos, seguros, ousam confiar-se ao sol;
os pâmpanos não temem os Austros que se levantam
nem a chuva que cai do céu pela força do Aquilão:
abrem seus brotos e desatam todas as folhas.

(Verg. *G.* II, 323-335)

O livro II termina com um elogio à vida campestre, em sua simplicidade e pureza.

Supõe-se que esses dois primeiros livros constituíram, inicialmente, uma obra completa, perfeitamente una, do ponto de vista composicional e ideológico. A eles teriam sido acrescentados posteriormente os outros dois livros – o livro III, em que Virgílio, após invocar Pales, gênio campestre, fala do gado em geral e das doenças a que estão sujeitos os animais, e o livro IV, consagrado à apicultura.

Há certa incongruência entre os dois primeiros livros e o terceiro. Enquanto naqueles Virgílio abomina a guerra, fazendo a apologia da paz, neste ele se refere, com certa naturalidade, ao adestramento de cavalos próprios para o combate, que devem ser acostumados, desde cedo, a ver armas e ouvir o ruído das trombetas. É possível que Mecenas, ao ouvir a leitura da primeira parte, tivesse recomendado a composição de uma segunda, para que a política expansionista de Augusto pudesse ser justificada perante o povo – daí, talvez, a referência às "ordens não fáceis" dadas pelo ministro do *princeps*.

Várias foram as fontes de que Virgílio se valeu para compor seu poema. É sensível a influência de Hesíodo (*Os trabalhos e os dias*), Aristóteles (*História dos animais* e *História das plantas*), Aratos (*Fenômenos*), Catão (*Sobre a agricultura*), bem como, em menor escala, das obras de Teofrasto, Nicandro, Magão e Varrão. A criatividade artística do poeta, entretanto, permitiu-lhe que inserisse, entre os versos informativos, belas descrições, elogios e quadros. São famosos, entre outros, o elogio da Itália, a descrição do inverno na Cítia, a da peste que acometeu os rebanhos do Nórico, a evocação do velho de Tarento e, sobretudo, no final do livro IV, o *epyllion* de sabor nitidamente alexandrino, onde Virgílio relata a história do deus rústico Aristeu, o primeiro que conseguiu restaurar um enxame, fazendo nascer abelhas de uma carcaça de um boi oferecido em sacrifício. Tal *epyllion* não constava da primeira versão do poema. Virgílio o colocou na segunda, a fim de substituir um elogio a Cornélio Galo, retirado das *Geórgicas* quando o poeta, pessoa de confiança do imperador, caiu em desgraça perante o Senado, acusado de alta traição.

As *Epístolas* de Horácio

Compreendendo dois livros – o primeiro com vinte e o segundo com três poemas – as *Epístolas* de Horácio foram escritas entre 26 e 8 a.C., tendo sido o livro I publicado em 20 a.C. Horácio as designava por *sermones* (conversas), como, aliás, denominava também as sátiras. As *Epístolas*, todavia, se diferenciam dos poemas satíricos. Revelam maior seriedade na observação do mundo, perdem o tom jocoso e brincalhão e apresentam reflexões ponderadas, servindo de veículo a informações.

Embora em todas elas exista algum conteúdo didático, este se evidencia sobremaneira na terceira epístola do segundo livro, usualmente conhecida como *Arte poética*. Dedicada aos filhos do cônsul Pisão, essa epístola se compõe de 476 versos, nos quais, de forma um pouco livre, como convinha a uma divagação literária, Horácio estabelece os princípios que norteiam a arte de escrever.

Em algumas de suas obras anteriores – como por exemplo as sátiras I, 4 e I, 10 e as epístolas I, 19; II, 1 e II, 2 – o poeta já havia aflorado a teoria literária e tratado do papel do escritor. Na *Arte poética*, baseando-se em obras de Platão e Aristóteles, Horácio se aprofunda no assunto, embora não chegue a esgotá-lo.

Sem seguir um plano regular e ressentindo-se de certa falta de organização e método, a *Arte poética* pode ser dividida em três partes. Na primeira (versos 1-92), o poeta ministra conselhos gerais, propondo alguns preceitos; na segunda (versos 93-294), refere-se aos gêneros literários, detendo-se em considerações sobre a poesia épica e a dramática; na terceira (versos 295-476), discorre sobre a conduta do poeta.

Entre os preceitos gerais expostos na primeira parte, cumpre lembrar o realce dado por Horácio à *invenção* – ou seja, à escolha do assunto –, à harmonia que deve haver entre as partes da obra literária e ao cuidado com a elocução. O poeta insiste também na adequação da métrica aos gêneros e na necessidade de respeitar-se o tom apropriado a cada um deles.

Discursando sobre os gêneros literários, Horácio analisa principalmente as espécies dramáticas, falando da importância do verso no que diz respeito à emoção que deve ser provocada no espectador. Faz considerações sobre a caracterização das personagens e compara as figuras dramáticas com as épicas. Em seguida, fala sobre a evolução da ação e a divisão da peça teatral. Relembra, então, a história do teatro, desde suas origens, com o drama satírico, até seu apogeu, com a tragédia e a comédia. Confronta as duas espécies literárias e fala sobre os modelos gregos e a necessidade de bem imitá-los.

Na terceira parte, mostra que a poesia não é uma brincadeira artística ou uma loucura: é um trabalho. As qualidades da obra literária dependem do gênero a que se filia. Para escrever, o poeta deve ter talento, é óbvio, mas a execução da obra exige paciência e tenacidade.

A *Arte poética* de Horácio exerceu grande influência sobre a teoria literária renascentista, sendo uma das principais fontes da *Arte poética* de Boileau.

Os *Fastos* de Ovídio

Escrito em dísticos elegíacos, entre 2 e 8 d.C., já na maturidade de Ovídio, portanto, o poema intitulado *Fastos* (*Fasti*) se diferencia das demais obras ovidianas pelo tom, pelo assunto e pela possível finalidade. O tom é acentuadamente didático; o assunto é bastante original, uma vez que o poeta ali vai ocupar-se sobretudo das festas religiosas que eram realizadas em Roma; quanto à finalidade, embora não haja uma intenção expressa no texto, é possível que Ovídio, nesse poema, diferentemente do que ocorrera em suas obras líricas, estivesse utilizando a poesia como veículo divulgador da política restauradora de Augusto: os mesmos "ideais" que haviam motivado a feitura das *Geórgicas* e da *Eneida* de Virgílio, das odes cívicas de Horácio e das elegias nacionalistas de Propércio parecem estar por trás do texto de *Fastos*.

A estrutura do poema é bastante original. O projeto de Ovídio seria dividi-lo em doze cantos ou livros, correspondendo, cada um, a um dos meses do ano. O resultado seria a elaboração de um grande calendário (*fasti*), com a indicação cronológica de todas as solenidades usualmente realizadas em Roma. Chegaram a nossos dias apenas os seis primeiros cantos. Não se sabe se o texto não foi concluído ou se os cantos finais se perderam, sendo mais viável a primeira hipótese uma vez que o exílio do poeta, em 8 d.C., poderia ter determinado a interrupção do poema.

Os cantos são ricos em informações sobre as antiguidades romanas; há descrições minuciosas de rituais, explicações sobre sua origem e indicações dos locais em que se realizavam. Por meio do texto temos notícias importantes sobre festividades realizadas anualmente, tais como as *Agonalia*, as *Lupercalia*, as *Feralia*, as *Matronalia*, as *Palilia*, as Quinquátrias, as *Vinalia*, *Floralia* e *Lemuria*, sobre cerimônias em homenagem a divindades tipicamente latinas como Jano, Carmenta, Caco, a Concórdia, Término, *Mater Matuta*, os Lares, a deuses latinos assimilados a gregos, como Marte, Vênus, Ceres, Juno e Vesta, e, ainda, sobre festas comemorativas a figuras histórico-lendárias como Quirino, Numa, Ana Perena e Túlia.

Utilizando-se, como fontes, dos *Fastos prenestinos* de Valério Flaco, da obra de Tito Lívio e, provavelmente, de poemas de Virgílio e Propércio, Ovídio compôs uma obra singular que, embora considerada por alguns como monótona e irrelevante, é um vasto repositório de curiosidades e informações. Muito do que sabemos sobre as velhas cerimônias romanas se deve a esse poema.

Há trechos interessantes, como o que se pode observar no livro IV, 134-144, quando, ao referir-se à primavera, o poeta menciona o ritual da *lavagem* da estátua de Vênus. E há referências a cerimônias menos conhecidas, como, por exemplo, o ritual das prostitutas que comemoram a festa da patrona do amor e que o poeta incentiva a orar após terem oferecido à deusa sisímbrio misturado ao mirto e grinaldas de rosas entretecidas com vime:

> Moças públicas, celebrem a divindade de Vênus;
> Vênus auxilia nos "negócios" aquelas que lhe são devotas.
> Oferecendo-lhe incenso, supliquem por formosura e favores do
> [povo,
> e peçam a ela que lhes ensine a arte das carícias e das palavras
> [apropriadas para os jogos de amor.
>
> (Ovid. *F.* IV, 865-868)

A poesia didática contemporânea a Ovídio

Depois de Ovídio, a poesia didática perdeu, em parte, a importância de que desfrutara. Embora continuem a surgir textos filiados a esse gênero, nenhum vai ter o renome do poema *Sobre a natureza*, de Lucrécio, das *Geórgicas*, de Virgílio, da *Arte poética*, de Horácio, ou dos *Fastos*, de Ovídio.

Na época de Augusto podemos mencionar pelo menos mais dois poetas que se dedicaram ao gênero e cujas obras chegaram até nossos dias: Grácio Falisco (*Grattius Faliscus*) e Marco Manílio (*Marcus Manilius*).

Grácio Falisco (30 a.C.-8 d.C.), inspirando-se em Varrão, Virgílio e Lucrécio e valendo-se, provavelmente, de sua experiência pessoal, escreveu um poema sobre caça, *Cinegética* (*Cynegeticon*), no qual discorre sobre armas, cães e cavalos. Subsistem cerca de 540 versos.

Manílio, sobre cujo próprio nome pairam dúvidas, compôs um poema em cinco cantos intitulado *Astronômica* (*Astronomica*). O texto, apesar de impreciso e, sob certos aspectos, um pouco infantil, desperta interesse pelo assunto que explora. O escritor partiu da descrição da abóbada celeste (Canto I) e da divisão do Zodíaco (Canto II) para chegar à determinação do horóscopo (Canto III) e do caráter das pessoas que nasceram sob determinados astros (Canto IV); descreveu, em seguida, as constelações não zodiacais (Canto V), mas não chegou a terminar a obra.

Inspirando-se em escritores alexandrinos e em poetas romanos do século I a.C., Manílio teve o mérito de compor um poema em que se nota a preocupação de conceber o universo como um grande todo – provável influência estoica –, do qual o homem representa apenas uma pequena partícula, e de redigir com cuidado e algum brilho.

Após Manílio, foram poucos os poetas que se dedicaram à poesia didática. Atribuídos a Germânico (*Iulius Caesar Germanicus*), chegaram até nós cerca de 900 versos da tradução do poema de Aratos, *Fenômenos* (*Phaenomena*), poema, aliás, que já fora traduzido, anos antes, por Cícero, e que voltaria a sê--lo, no século IV de nossa era, por Avieno (*Rufus Festus Auienus*), autor de duas outras obras poéticas de caráter científico: *Descrição do Universo* (*Periegesis seu descriptio orbis terrarum*) e *Beira-mar* (*Ora maritima*), poema sobre uma viagem de Gilbratar a Marselha, cujos fragmentos nos dão algumas informações sobre navegações antigas.

As *Fábulas* de Fedro

Em um estudo sobre a poesia didática latina não poderíamos deixar de fazer uma referência especial às *Fábulas* (*Fabulae*) de Fedro (*Caius Iulius Phaedrus* ou *Phaeder*), cujo tom moralista é indiscutível.

Embora seja o primeiro escritor a escrever fábulas em latim, Fedro não é romano. Nasceu na Trácia, foi levado a Roma como escravo, pertenceu ao imperador Augusto e foi por este libertado. Suas fábulas, em número de 123, se agrupam em cinco livros. Inspirando-se em fábulas gregas atribuídas a Esopo, Fedro as modificou e escreveu também alguns poemas originais. Utilizou-se do mesmo recurso empregado na fábula grega – narrar uma pequena história alegórica, cujas personagens são animais simbólicos, e com ela ilustrar um pensamento ou máxima moral –, mas se distanciou, em parte, do modelo. Escreveu em versos jâmbicos quando as fábulas atribuídas a Esopo são em prosa; aludiu claramente a fatos e pessoas de sua época, o que lhe valeu o exílio, na época de Tibério, quando Sejano, principal auxiliar do imperador, se viu retratado em alguns dos poemetos; conseguiu ser pitoresco, mesmo construindo textos extremamente breves, e primou pela vivacidade do diálogo.

Bastante difundidas, imitadas por escritores de várias épocas e nacionalidades, as fábulas de Fedro conservam a pureza e a nobreza que o poeta lhes imprimiu. "A raposa e a máscara", fábula de apenas quatro versos, exemplifica o que se disse acima:

Casualmente a raposa viu a máscara.
– Que bonita! exclamou. Mas não tem cérebro!
Isto foi dito para quem a Sorte
deu honra e glória mas tirou o juízo.

(Phaedr. *Fab*. I, 8, 1-4)

SEGUNDA PARTE
A PROSA LITERÁRIA

FORMAÇÃO DA PROSA LITERÁRIA

Embora a escrita tivesse aparecido muito cedo em Roma, a chamada *prosa literária* só vai desenvolver-se tardiamente. E aqui convém esclarecer que quando falamos em prosa literária não estamos referindo-nos a textos quaisquer, mas, sim, àqueles que revelam terem sido alvo de preocupação especial do autor no tocante ao tratamento estético da linguagem.

São da chamada "época primitiva" as primeiras inscrições latinas em prosa. Têm inestimável valor documental, evidentemente, mas falta-lhes o apuro estilístico que caracteriza as obras literárias.

O mesmo ocorre com os primeiros documentos públicos e privados, que existiam em número bastante expressivo e que podiam ser classificados em diversas categorias: *Arquivos, Comentários, Anais, Livros*. Os *Arquivos* ou *Atos* (*Acta*) são registros de acontecimentos ligados à magistratura. Existiram desde tempos muito remotos até a época de Júlio César, que, instituindo oficialmente os *Atos do Senado e do Povo* (*Acta senatus et populi*), pretendeu documentar tudo aquilo que se decidia nas sessões do Senado e nas assembleias populares, a fim de que se evitassem as falsificações e fosse possível controlar, de alguma forma, as deliberações. Os *Comentários* (*Comentarii*), muitos dos quais anônimos, eram anotações e registros de atos de pontífices e sacerdotes. Os *Anais* (*Annales*) eram calendários organizados pelo sumo pontífice, nos quais se registravam os dias fastos e nefastos e as datas importantes do ponto de vista político ou religioso. Os *Livros* (*Libri*) consistiam em anotações sobre feitos importantes de magistrados ou de pontífices. Esses textos, embora não tenham valor literário propriamente dito, são fontes importantíssimas para o conhecimento da história romana.

O mesmo se pode dizer dos primeiros textos legais. Se nada apresenta de artístico um documento como a *Lei das XII Tábuas*, por exemplo, seu valor histórico e jurídico é imenso. Considerado como o mais antigo texto latino – escrito por volta de 450 a.C. –, apresenta frases rígidas e sem muita articulação. Conserva, entretanto, uma cadência rítmica especial que lembra as sentenças versificadas.

Dessa forma, só podemos falar, realmente, em prosa literária quando, no início da chamada época helenística, a influência grega se tornar sensível e a linguagem poética, estruturada nas obras em verso, for utilizada também nos textos em prosa. Desenvolvem-se então os gêneros literários, representados por obras de real valor. Desabrocham a história, a oratória (de que Ápio Cláudio Cego, ao final da época primitiva, teria sido possivelmente um dos iniciadores), a retórica, a epistolografia, a filosofia, a erudição. Nasce o romance. Embora seja este o gênero mais novo – teria surgido ao alvorecer de nossa era –, ao estudar os gêneros em prosa iniciamos nossas considerações por ele. Diante dos demais gêneros, primordialmente pragmáticos e informativos, o romance desfruta de uma importância especial pela finalidade estética que tem e pela originalidade de que se reveste.

O ROMANCE

A primeira obra que, por sua estrutura e características, poderia ser considerada como *romance* é o *Satiricon*, de Petrônio, texto basicamente em prosa apesar de apresentar, ocasionalmente, alguns trechos em verso. A obra chegou fragmentada aos nossos dias e seu título em latim é discutível. Hesita-se entre *Satiricon* ou *Satyricon libri* (*Livros de assuntos referentes aos sátiros*) e *Saturae* (*Sátiras*). Embora não haja no texto referências expressas a sátiros – personagens mitológicas que pertenciam ao cortejo de Dioniso –, o título *Satiricon* ou *Satyricon libri* não seria descabido uma vez que o romance gira em torno da lubricidade, da qual os sátiros representam o símbolo, e nele se alude a um cerimonial em homenagem a Priapo, divindade que, de certa forma, também se associa ao culto de Dioniso. Por outro lado, uma vez que no texto se alternam partes em prosa e trechos em verso, procedimento comum na chamada *sátira menipeia*, o título *Saturae* também não seria inadequado. Fica a dúvida, pois. O livro, entretanto – qualquer que fosse seu título –, é, indiscutivelmente, uma das mais curiosas obras deixadas pela Antiguidade.

O *Satiricon*

Atribui-se a autoria do *Satiricon* (é assim que vamos denominar a obra, doravante) a um certo Petrônio e, embora entre os séculos I e III de nossa era vários escritores romanos assim se chamassem, a tradição considera como autor do texto o famoso Caio ou Tito Petrônio (*Caius* ou *Titus Petronius* – ?-65 d.C.), o *árbitro da elegância* que frequentava a corte de Nero e cuja morte, decorrente da suposta participação do intelectual na conspiração de Pisão, foi descrita por Tácito nos *Anais* (XVI,18).

O *Satiricon* está incompleto. Temos alguns trechos dos livros XIV, XV e XVI de uma grande obra cujo início e cujo fim se perderam. Nos fragmentos supérstites podemos apreciar *flashes* de uma divertida e fantástica história vivida por três jovens depravados – Encólpio, Ascilto e Gitão – e um velho poeta – Eumolpo –, que peregrinam por cidadezinhas da Itália meridional. Embora conheçamos a história só a partir de um determinado ponto, é possível acompanhar relativamente bem o fio condutor do enredo. Logo de início defrontamo-nos com Encólpio, o narrador, perdido na cidade em que está por ter saído à procura de seu amigo Ascilto. Uma velha mulher se oferece para guiá-lo e o conduz a um bordel. A descrição do local é minuciosa e engraçadíssima; apresenta lances tão inesperados que ousaríamos qualificá-los de surrealistas. Depois de alguns incidentes e de serem "atacados" por frequentadores do bordel, os dois jovens, cada um por sua vez, conseguem fugir. Ao chegar à hospedaria, Encólpio encontra seu amante, Gitão, que, em prantos, lhe relata como fora "abordado" por Ascilto. Há sério desentendimento entre os rivais e eles partem alguns dias depois para a casa de campo de alguns amigos. Os excessos sexuais são ali tão grandes que, mais uma vez, os jovens decidem partir.

Há peripécias pelo caminho, durante as quais eles vêm a conhecer uma sacerdotisa de Priapo, Quartila, que os leva para sua casa, verdadeiro antro de libertinagem. Os companheiros escapam, não sem terem passado por situações engraçadas e vexatórias, dirigem-se a um albergue e, no dia seguinte, participam de uma ceia que lhes oferece o novo-rico Trimalquião.

A descrição da ceia ocupa mais de cinquenta capítulos e pode ser considerada como verdadeira sátira aos costumes da época.

Após a ceia os jovens se encontram com o velho Eumolpo, em cuja companhia realizam um acidentado passeio de barco. Ao regressarem, Encólpio vem a conhecer a bela Circe, por quem se apaixona. A virilidade, porém, o abandona, fato que o obriga a valer-se de incríveis bruxarias.

Há cenas inesquecíveis no livro: a da "revelação", feita por Gitão; a da troca do manto roubado por uma túnica miserável, em cuja bainha havia sido costurada grande quantidade de ouro; a do casamento simulado de Gitão com uma garotinha; a do romântico e infausto "namoro" de Encólpio e Circe, no jardim, cena da qual oferecemos uma amostra:

> Deitados sobre a relva, antecipamos com mil beijos os prazeres mais concretos. Mas, traído por uma fraqueza súbita, eu acabei frustrando o desejo de Circe.
>
> – Que é isso? perguntou ela. Minhas carícias te desagradam ou será que é meu hálito que cheira mal, afetado por longa abstinência? Ou será, antes, algum descaso em minha higiene pessoal que desgosta teu olfato? Ou isso está acontecendo porque tens medo de Gitão?
>
> O rubor cobriu meu rosto e a vergonha diminuía as poucas forças que eu ainda tinha. Eu parecia paralítico de todos os membros.

— Ó minha rainha, disse-lhe. Não me insultes, eu te peço, em minha desgraça. Estou sendo vítima de um feitiço qualquer.

(Pet. *Satyr*. CXXVII, 10-CXXVIII, 1-2)

Duas historietas, nos moldes dos contos milésios, picantes e engraçadas, são contadas por personagens, no correr da narrativa: a história do garoto de Pérgamo, iniciado por um velho em práticas homossexuais, e a da matrona de Éfeso, desolada pela viuvez recente e devidamente "consolada" por um jovem militar.

Muitos poemas entremeiam a narrativa – quase sempre paródias de textos clássicos, que, por um pretexto qualquer, uma das personagens declama. Esse fato fez a obra de Petrônio ser considerada por alguns como *sátira menipeia*. É difícil, porém, julgá-lo como tal. Pouco se sabe a respeito dessa modalidade de sátira, introduzida na literatura latina por Varrão, ao inspirar-se ele nas diatribes de Menipo de Gádara. É provável que tivessem um tom moral, a exemplo das sátiras em geral, e esse tom não se faz presente na obra de Petrônio. O que se diz a respeito da sátira menipeia – que nela se mesclavam estilos, indo-se do sublime ao grotesco, que se parodiavam outros gêneros, que se empregavam processos de *carnavalização*, explorando-se a vida dos submundos e apresentando-se personagens burlescas e inverossímeis – partiu, provavelmente, da análise do próprio *Satiricon*. Por essa razão, porque nos faltam informações sobre tal gênero e por encontrarmos na obra de Petrônio características da narrativa ficcional em prosa, preferimos considerá-la como *romance*.

O romance de Apuleio

Além do *Satiricon*, a literatura latina oferece mais um curioso exemplo de narrativa novelística. Trata-se do texto de Apuleio (*Lucius Apuleius* – 125?-170?), *Metamorfoses* (*Libri Metamorphoseon*), conhecido também como *O asno de ouro*.

Profundamente interessado em cultos misteriosos, no maravilhoso e no sobrenatural, autor de obras filosóficas, oratórias e científicas, Apuleio fez das *Metamorfoses* uma autêntica obra-prima em que se revela preocupação com a ornamentação da frase, embora sem sobrecarga de recursos estilísticos, com o realismo descritivo e a força da expressão.

Composto de onze livros, o texto conta as aventuras do jovem Lúcio, metamorfoseado em burro em virtude de um engano: durante uma viagem à Grécia hospedara-se na casa de uma feiticeira e experimentara uma de suas pomadas, acreditando que poderia transformar-se em um pássaro. Ao tornar-se burro, todavia, conservou seu espírito crítico e seu pensamento humano; foi iniciado na vida reservada aos animais, da qual veio a conhecer os aspectos mais miseráveis. Passou por donos sucessivos, serviu a um sacerdote, um moleiro, um jardineiro, um confeiteiro e um cozinheiro, até que Ísis, em sonhos, lhe ensinou como retornar à forma humana. Consagrou-se, então, ao serviço da deusa e de seu esposo Osíris.

Há passagens curiosas na obra, como, por exemplo, aquela em que Lúcio ouve, no interior de uma caverna habitada por salteadores, a história de Cupido e Psiquê, contada por uma velhinha.

Embora recheada de passagens dignas de um romance picaresco, nas quais não faltam alegria, espírito e até mesmo algum erotismo, a obra de Apuleio foi considerada por alguns como uma representação alegórica do mito platônico de Fedro: a alma deve morrer para chegar à concepção do divino e sofrer duras provas para elevar-se até Deus.

A HISTÓRIA

Gestando-se nos arquivos familiares e nos livros dos magistrados, nos *Atos* e nos *Anais*, a história vai ganhar expressão literária em Roma com as *Origens* (*Origines*) de Catão, o Censor (*Marcus Porcius Cato* – 234-149 a.C.).

Escrita em latim – o que representava tanto uma novidade, uma vez que os primeiros historiadores romanos escreveram em grego, como uma verdadeira tomada de posição diante da onda de helenismo reinante –, a obra se compunha de sete livros. Neles o escritor discorria, numa linguagem ainda arcaica, sobre a história de Roma e das cidades itálicas, considerando a Itália como uma espécie de pátria comum e revelando a personalidade de um homem que não hesitava em combater a aristocracia pregando, já àquela época, melhor distribuição de rendas e bens.

Não obstante sua importância e seu caráter inovador, a obra se perdeu, dela restando apenas alguns fragmentos.

Após Catão, surgiram novos historiadores em Roma (Célio Antípatro, Calpúrnio Pisão, Semprônio Asélio) e começaram a aparecer os primeiros memorialistas – homens públicos que se empenharam em anotar, para a posteridade, fatos importantes que presenciaram. Estavam lançadas as sementes das grandes obras que iriam ser oferecidas à luz na época de Cícero, na de Augusto e nos anos que se lhes seguiram.

A história na época de Cícero: Júlio César

Júlio César (*Caius Iulius Caesar* – 100-44 a.C.) é o primeiro dos grandes memorialistas romanos a deixar uma obra de real importância. Dedicando-se à vida pública desde muito cedo, e aliando à política uma intensa atividade militar, Júlio César ocupou os mais elevados cargos, chegando a cônsul, triúnviro e ditador, e participou, na qualidade de general, de guerras de conquistas e lutas civis. Delas extraiu o assunto para suas obras históricas: *Comentários sobre a guerra da Gália* (*Commentarii de bello Gallico*) e *Comentários sobre a guerra civil* (*De bello ciuili commentarii*). Com essas obras Júlio César construiu um verdadeiro modelo de exposição histórica, utilizando-se de uma linguagem simples, sem ornamentos, mas elegante em sua sobriedade.

Os *Comentários sobre a guerra da Gália* constam de sete livros, publicados em 51 a.C., aos quais Hírcio, um dos auxiliares de Júlio César na conquista da Gália, acrescentou um oitavo. Nesses sete livros assim se desenvolve o assunto que corresponde a seis dos nove anos de luta:

I – Descrição da Gália; narração das campanhas ocorridas em 58 a.C. contra os helvécios e contra Ariovisto, rei dos suevos;

II – Campanha de 57 a.C. contra os belgas;

III – Campanha contra as cidades armoricanas (57 a.C.); comentários sobre a presença de Crasso na Aquitânia (56 a.C.);

IV – Campanha de 55 a.C. contra os germanos; descrição da passagem do Reno; primeira ida à Britânia;

V – Segunda ida à Britânia (54 a.C.); campanha contra os belgas (53 a.C.);

VI – Segunda passagem do Reno; descrição de costumes de gauleses e germanos; operações contra os belgas (53 a.C.);

VII – Levante da Gália (52 a.C.); cerco de Avarico; tomada de Lutécia; cerco e capitulação de Alésia.

Hírcio, no oitavo livro, baseando-se em anotações feitas por Júlio César, narra o que se passou nos anos 51 e 50 a.C.: a campanha contra os belovacos, a tomada de Uxelodunum e o fim da guerra.

Apesar da aridez do assunto e de uma natural monotonia, Júlio César se revela como verdadeiro "repórter". Algumas pequenas contradições não chegam a comprometer seriamente a veracidade dos fatos. Escrevendo esses *Comentários*, Júlio César se valeu de documentos e confiou, provavelmente, em sua própria memória.

Acusa-se muitas vezes o autor de ter deformado certos fatos para ressaltar a importância de sua pessoa, embora usualmente demonstre impassibilidade e objetividade.

O estilo de Júlio César é claro e a língua correta. O autor parece empenhar-se em não empregar neologismos, vocábulos poéticos e figuras de linguagem, impróprios, talvez, a seu ver, para uma obra da natureza da que escreve.

O trecho abaixo oferece uma pequena amostra desse estilo:

> Entre os helvécios, Orgetórige era, sem dúvida, o mais nobre e o mais rico. Induzido pela ambição de reinar, quando Messala e Pisão eram cônsules, ele organizou uma conspiração da nobreza e persuadiu os cidadãos para que saíssem de seus territórios com todas as tropas. Como superavam a todos em coragem, seria facíli-

mo apoderarem-se de toda a Gália. Convenceu-os de que isso seria feito mais facilmente porque os helvécios eram confinados de todos os lados pela natureza do lugar: de um lado pelo rio Reno, muito largo e profundo, que separa as terras dos helvécios das dos germanos; de outro, pelo altíssimo monte Jura, que se acha entre os séquanos e os helvécios; de outro, ainda, pelo lago Lemano e pelo rio Ródano que separa nossa província dos helvécios.

(Caes. *B. G.* I, 2-3)

A segunda obra histórica de Júlio César, *Comentários sobre a guerra civil*, chegou a ser atribuída a Hírcio e até mesmo a Suetônio, mas atualmente não é mais contestada quanto à autoria: o estilo tem todas as características do de Júlio César. Até mesmo a demonstração de impessoalidade na apresentação dos fatos, a ausência de explicações, as reticências e a apologia pessoal – presentes também na primeira obra – confirmam a autoria.

Compondo-se de três livros, a obra não chegou a ser concluída. No primeiro, são arroladas as causas da guerra civil que se travou entre César e Pompeu, relatando-se a seguir o episódio da passagem do Rubicão e o da tentativa de reconciliação com o general inimigo. No segundo, temos o relato da batalha que se travou na Espanha entre as forças de César e as de Pompeu e a descrição da capitulação de Marselha. No terceiro, César mostra como foi feito ditador e narra os fatos ocorridos durante os cerco de Dirráquio e a batalha de Farsália. O livro termina com a descrição do assassínio de Pompeu, no Egito.

A continuação dos acontecimentos encontra-se em uma obra de autoria ignorada, *A guerra de Alexandria* (*Bellum Alexandrinum*), na qual, em setenta e oito capítulos, são lembrados os feitos militares realizados no Egito bem como os que se desenvolveram mais tarde, sob o comando de César, na Ilíria, na Espanha e na Ásia.

Os *Comentários sobre a guerra civil* têm caráter nitidamente político. Ao compor esse texto, César deve ter tido a intenção de justificar, de alguma forma, a usurpação do poder, despertando simpatias e procurando congregar forças em torno de sua pessoa. Daí o tom apologético de que a obra se reveste.

Salústio

Contemporâneo de Júlio César e de Cícero, Salústio (*Caius Salustius Crispus* – 87/86-35 a.C.) se dedicou à história após ter sido obrigado a abandonar uma tumultuada vida pública.

Duas obras históricas, de sua autoria, chegaram na íntegra até nossos dias: *A conjuração de Catilina* (*De coniuratione Catilinae*), escrita por volta de 47 a.C., e *A guerra de Jugurta* (*Bellum Iugurthinum*), um pouco posterior à primeira. Quanto às *Histórias* (*Historiae*) – seu último trabalho – não temos senão uma parte. São também atribuídas ao historiador algumas outras obras, tais como uma descrição do Ponto Euxino, hoje perdida, cartas endereçadas a César e uma invectiva contra Cícero, mas a questão ainda é considerada polêmica.

Salústio, em seus livros, foi até certo ponto um inovador por tentar explicar psicologicamente os fatos, procurando as causas dos acontecimentos nos defeitos e vícios humanos, por preocupar-se com problemas sociais e por empenhar-se em ser uma espécie de filósofo da ação histórica. Inspirando-se em historiadores gregos – sobretudo em Tucídides –, não pretendeu escrever uma história de grandes dimensões, delimitada por datas distanciadas no tempo; escreveu a história de um momento preciso, detendo-se minuciosamente em pormenores de um único acontecimento.

A conjuração de Catilina e *A guerra de Jugurta* são textos históricos que exemplificam tal atitude.

A conjuração de Catilina explora, de um ângulo bastante particular, os fatos desenrolados em 63 a.C., sobejamente descritos e comentados por Cícero nos veementes e virulentos discursos conhecidos como *Catilinárias*. Embora favorável a Júlio César e hostil a Cícero, Salústio procurou acentuar a vileza do caráter de Catilina, o homem que pôs em grande perigo a integridade do Estado romano.

O prefácio da obra tem um tom filosófico. Salústio discorre sobre como o ser humano deve procurar a glória por meio da inteligência e exemplifica com seu caso pessoal: abandonara a vida pública e refugiara-se no *otium* para consagrar-se à história. Depois de delimitar o assunto escolhido, o historiador traça um retrato de Catilina e confronta o passado romano – a época do florescimento das grandes virtudes – com o presente – quando a sede de poder desencadeia os vícios levando a sociedade à decadência. A partir daí inicia o relato propriamente dito. Fala dos planos de Catilina, do fracasso que ele experimentara ao tentar eleger-se cônsul, da tentativa frustrada de assassinar Cícero, seu concorrente, da descoberta da conjuração, da tomada de medidas contra os conspiradores e dos discursos de Cícero. Reserva grande espaço para relatar os fatos que se seguiram: a fuga de Catilina, as tentativas de sublevação, a prisão dos alóbrogos que traziam cartas de Catilina, o apoio popular dado a Cícero, a implicação de César, a repressão, a execução dos conjurados, a batalha de Pistoia e a morte de Catilina.

Embora a obra seja interessante como estudo de um momento e reflita preocupação com a análise das causas que determinaram os acontecimentos, falta-lhe certa precisão. Algumas datas são falseadas, alguns fatos são apresentados em ordem invertida e a própria pesquisa, baseada em depoimentos pessoais, é sumária e revela certa incoerência.

A guerra de Jugurta tem por assunto fatos que ocorreram entre 111 e 105 a.C. Jugurta, sobrinho de Micipsa, rei da Numídia, após levar à morte seus primos, herdeiros do poder, se apossa do trono, provocando a intervenção de Roma. As legiões romanas enviadas contra Jurgurta sofrem sérios reveses. Mário, finalmente, vence Jugurta, que é entregue aos romanos, e também Boco, rei da Mauritânia.

Diferentemente do que ocorrera com *A conjuração de Catilina*, considerada tendenciosa, *A guerra de Jugurta* mostra Salústio como um historiador imparcial e objetivo, preocupado em refletir sobre a natureza humana e em valorizar a inteligência e a virtude.

Nas duas obras a narrativa histórica de Salústio é ponteada de digressões, descrições, inserções de discursos, cartas e retratos, nos quais o escritor se esmera, revelando seus dotes literários. O estilo é sóbrio e elegante, caracterizado pela concisão, pela assimetria e pela presença de elementos arcaicos – fatos que o tornam diametralmente (e talvez intencionalmente) oposto ao de Cícero.

Mostramos abaixo, para ilustrar o que dissemos, alguns fragmentos de Salústio. Temos, inicialmente, um trecho de descrição da população africana, pitoresca e curiosa em seus detalhes:

> Os gétulos e os líbios foram os primeiros a habitar a África. Eram povos grosseiros e bárbaros, que se alimentavam de carne de animais selvagens e da relva dos campos, como o gado. Não eram governados pela moral, nem pela lei, nem pelo mando de quem quer que fosse. Nômades, errantes, paravam onde a noite os sur-

preendia. Mas depois que Hércules morreu na Hispânia, como julgam os africanos, seu exército composto de pessoas de diversas origens, se esfacelou: tinham perdido o chefe e eram muitos os que reclamavam o poder para si.

Dentre eles, os medos, os persas e os armênios, depois de terem ido para a África, em navios, ocuparam as regiões que ficam próximas do mar.

Os persas, porém, se afastaram na direção do Oceano Atlântico e usaram os cascos dos navios, virados para baixo, como abrigos: não havia madeira para construção, naquele lugar, e não era possível comprá-la dos hispanos, ou mesmo fazer uma troca. O grande mar e a língua desconhecida impediam-nos de comerciar.

Pouco a pouco eles se misturaram aos gétulos por casamento e, uma vez que se deslocavam constantemente, procurando novos territórios, chamaram-se a si próprios nômades.

Até hoje as habitações dos camponeses númidas – que eles denominam *mapalia* – são alongadas e têm lados encurvados como cascos de navios.

(Sal. *B. Iug.* XVIII)

Em seguida, apresentamos o "retrato" de Catilina:

Lúcio Catilina, nascido de uma família ilustre, tinha grande força física e inteligência, mas era de natureza maldosa e depravada. Desde a adolescência gostava das guerras, dos assassínios, dos roubos, da discórdia civil, e nisso se exercitou durante toda a juventude.

Seu corpo era capaz de suportar o frio, a fome e a vigília mais do que é acreditável em quem quer que seja. Seu espírito era audacioso, pérfido, volúvel; ele se comprazia em dissimular e simular todas as coisas, cobiçando o alheio, desperdiçando o seu, ardente em sua ambição. Era razoável na eloquência; parco nos conhecimentos. Insaciável, desejava sempre coisas desmesuradas, incríveis, demasiadamente altas.

(Sal. *C. Catil.* V)

Para concluir, transcrevemos um trecho de um discurso, supostamente pronunciado por Júlio César, diante do Senado:

Senadores, todos os homens que deliberam sobre coisas discutíveis devem estar isentos de ódio, de amizade, de ira e de misericórdia. O espírito distingue a verdade com dificuldade quando esses sentimentos o dominam e ninguém é capaz de atender, simultaneamente, às suas paixões e às conveniências.

Quando nos inclinamos para a razão, o espírito se mostra forte; se as paixões se instalam, o espírito é dominado por eles e se torna fraco.

Eu poderia lembrar-vos, senadores, as numerosas ocasiões em que reis e povos agiram mal porque impulsionados pela ira ou pela misericórdia. Prefiro, entretanto, aquelas em que nossos antepassados agiram de acordo com as regras e a retidão, em lugar de agirem com espírito apaixonado.

(Sal. C. Catil. LI, 1-4)

A história no século de Augusto: Tito Lívio

A exemplo de Júlio César e Salústio, Tito Lívio (*Titus Liuius* – 59 a.C.-17 d.C.) também se tornou conhecido como um dos principais representantes do gênero histórico, em Roma.

Houve, é certo, entre aqueles historiadores e este, outros escritores que se consagraram à história. Cornélio Nepos, contemporâneo de Júlio César, compôs uma obra de grandes dimensões, hoje parcialmente perdida, intitulada *Os homens ilustres* (*De viris illustribus*), que, embora escrita com preocupação literária, não é digna de confiança no que diz respeito à veracidade histórica. Fenestela, Tirão e Asínio Polião escreveram, já nos dias de Augusto, obras de caráter histórico que infelizmente também se perderam. Assim sendo, restou para a posteridade a obra de Tito Lívio.

Como os historiadores dos velhos tempos e os primeiros poetas épicos latinos, Tito Lívio procurou escrever uma obra que apresentasse a história romana em toda a sua extensão, da fundação da cidade aos dias em que vivia. Iniciando sua tarefa por volta de 25 a.C., escreveu praticamente durante toda a sua vida, tendo produzido um texto imenso, conhecido como *História romana* (*Ab Vrbe condita libri*), composto de cento e quarenta e dois livros, divididos em grupos de dez (*décadas*), dos quais trinta e cinco chegaram até nossos dias. Dos demais temos apenas resumos.

Dos livros supérstites, dez (I-X) correspondem à primeira década: referem-se ao período que vai da fundação de Roma ao fim da terceira guerra contra os samnitas; dez (XXI-XXX) correspondem à terceira década: do início da segunda guerra púnica à vitória de Cipião sobre os cartagineses; dez (XXXI a XL), à quarta: da guerra contra Filipe aos sucessos dos romanos na Ligúria e na Espanha; e finalmente, cinco (XLI-XLV), a uma parte da quinta década: da vitória romana sobre os celtiberos ao cerco de Alexandria e à transformação da Macedônia em província. Faltam, portanto, os livros XI-XX e XLVI-CXLII.

Produto da época de Augusto, Tito Lívio denota, em sua obra, a mesma preocupação com a restauração dos antigos costumes que caracterizou a política do imperador – a valorização da simplicidade, da austeridade, da moderação, da coragem, da lealdade, do civismo e da piedade. Não há, entretanto, sinais de bajulação na *História romana*. Embora escreva de forma bastante pessoal, interpretando os fatos e colocando-se como primeira pessoa do discurso, na condução da narrativa, Tito Lívio revela indiscutível independência ao mostrar sua admiração pelos defensores da república.

Encarando a história como uma forma de ensinar, no presente, a partir da valorização do passado, o historiador confere um tom apologético a sua obra. Procura, entretanto, não falsear os fatos. Realiza uma pesquisa séria, apesar de precária, dada a falta de documentos, e, não obstante nos primeiros livros se atenha às lendas antigas, que envolveram a fundação da *Vrbs*, a partir do momento em que as fontes ofereciam informações seguras Tito Lívio não deixou de respeitar a verdade.

Dotado de grande sensibilidade e mestre na arte de narrar, o historiador deu um cunho literário a sua obra, sem deixar de lado o aspecto pragmático da mesma. Utilizando-se de uma linguagem sóbria e sintética, que confere densidade à frase, soube dar-lhe elegância e colorido. O conhecimento da técnica da oratória se manifesta nos numerosos discursos simulados inseridos no texto. A dramaticidade dá vida aos fatos vividos por figuras históricas, que, à feição das personagens ficcionais, são tratadas psicologicamente, com grande cuidado.

O livro I, em virtude de seu caráter lendário, próprio da época que focaliza – da suposta chegada de Eneias ao Lácio à queda do último rei –, é, talvez, o mais interessante do ponto de vista literário. O episódio em que Tito Lívio narra a paixão de Sexto Tarquínio pela bela Lucrécia tem todas as características das narrativas ficcionais.

O escritor descreve, inicialmente, o encontro das duas figuras. Sexto Tarquínio, o filho do rei, pretendendo comemorar uma vitória, em companhia de seus amigos, entre os quais Colatino, o esposo de Lucrécia, dirige-se à casa deste:

> Quando as primeiras trevas se estendiam, eles chegaram a Roma e de lá vão para Colácia, onde encontram Lucrécia que (diferentemente das noras do rei, que eles haviam visto divertindo-se com as companheiras, num faustoso festim) trabalhava, tarde da noite, fiando lã entre as escravas vigilantes, sentada no meio de sua sala.
> [...]

Ela recebeu amavelmente o esposo que chegava e os Tarquínios. O marido, vencedor, convidou os príncipes a pernoitar. Nesse momento, o desejo de violentar Lucrécia se apossou de Sexto Tarquínio: excitavam-no a beleza da moça e sua decantada fidelidade.

(Liv. I, 57, 8-9; 10)

A aventura, entretanto, não termina aí:

Alguns dias mais tarde, sem que Colatino soubesse, Sexto Tarquínio volta a Colácia, com um companheiro. Foi ali bem recebido por pessoas que desconheciam seu intento. Depois da ceia, ardendo de paixão, foi ele levado ao quarto de hóspedes. Mas quando tudo parecia seguro e todos estavam a dormir, apanhou sua espada e se aproximou de Lucrécia adormecida. Colocando a mão esquerda sobre o peito da moça, disse:
– Cala-te, Lucrécia. Sou Sexto Tarquínio. Estou com a espada em minha mão. Morrerás se disseres uma única palavra.
Como a moça recém-despertada parecia amedrontada ante a morte iminente, Tarquínio lhe confessou seu amor, fez súplicas, misturou ameaças a pedidos, procurou dobrar, de todas as formas, seu espírito feminino. Mas quando viu que ela se obstinava e não cedia nem mesmo pelo medo, procurou acrescentar ao temor o pavor da desonra. Quando ela estivesse morta, disse-lhe, colocaria a seu lado um escravo nu, degolado, para que se dissesse que ela havia morrido durante um vergonhoso ato de adultério.
Por meio dessa terrível ameaça, a lascívia venceu o pudor obstinado. Depois que ele partiu, orgulhoso por ter vencido a honra da jovem, Lucrécia, desesperada com tão grande desgraça, mandou o mesmo emissário a Roma, para junto de seu pai, e a Árdea, para junto de seu marido, a fim de dizer-lhes que voltassem, cada um com um amigo de sua confiança. Era necessário que eles assim fizessem e que se apressassem: acontecera uma coisa horrível.

(Liv. I, 58, 1-5)

O final da narrativa é surpreendente. O esposo e o pai da jovem mulher voltam e a encontram "desolada, sentada em seu quarto". À chegada dos seus, as lágrimas lhe correm e às perguntas que fazem relata o ocorrido. Eles procuram consolá-la, mostrando-lhe que não houve culpa, mas Lucrécia se mostra irredutível:

– Vós, diz ela, vereis o que deve ser feito com ele. Quanto a mim, se me absolvo do pecado, não me furto ao castigo. Nenhuma mulher, daqui para diante, poderá viver sem honra, a exemplo de Lucrécia.
E, com um punhal que trazia escondido sob as vestes, ela golpeou o próprio coração.

(Liv. I, 58, 10-11)

Cremos que a amostra é eloquente para caracterizar as qualidades do escritor.

A concepção romana de história: Tácito

Nos anos que se seguiram à época de Augusto, embora as atividades relacionadas com os estudos históricos tivessem sido relegadas a um segundo plano, alguns historiadores compuseram obras relativamente importantes que se preservaram para a posteridade. Veleio Patérculo (*Velleius Paterculus*) escreveu uma *História romana* (*Historiae Romanae libri duo*), na qual revela, a cada momento, sua preocupação com efeitos retóricos. Valério Máximo (*Valerius Maximus*) compôs *Dez livros de fatos e ditos memoráveis* (*Factorum et dictorum memorabilium libri X*), nos quais colige, vazadas em estilo rebuscado e maneiroso, curiosidades e anedotas relacionadas com os romanos e com outros povos, abrangendo relatos sobre cultos, sonhos, milagres, cerimônias e espetáculos. Nessa obra, de permeio a referências a vultos ilustres, há impressões sobre virtudes de homens, mulheres e escravos e uma coletânea de exemplos históricos, muitos dos quais referidos por Tito Lívio. Quinto Cúrcio (*Quintus Curtius Rufus*), possivelmente na época de Cláudio, escreveu a *História de Alexandre, o Grande* (*De rebus gestis Alexandri Magni*), livro sem grande valor científico, dada a precariedade da pesquisa, mas que revela o talento do escritor na arte de narrar, fazendo com que a obra, graças a suas qualidades literárias, possa ser considerada como um romance histórico ou um poema épico em prosa.

Nenhum desses textos, entretanto, deve ser colocado no mesmo plano em que estão as obras de Tácito (*Publius Cornelius Tacitus* – 55?-120?), escritor que viveu entre a segunda metade do século I d.C. e o início do século II. Após ter escrito uma obra sobre retórica, *Diálogo dos oradores* (*Dialogus de oratoribus*), uma biografia, *Agrícola* (*De vita et moribus Iulii Agricolae*), e um ensaio geográfico, *Germânia* (*De situ ac populis Germaniae*), Tácito ofereceu ao público dois importantes textos históricos: *Histórias* (*Historiarum libri*), composto em 100, provavelmente, e *Anais* (*Annales*), entre 110 e 116.

Nas *Histórias*, obra que originalmente se compunha de doze ou catorze livros, Tácito se ocupou de acontecimentos que ocorreram entre a morte de Nero (68 d.C.) e a de Domiciano (96 d.C.). Permaneceram até nossos dias os quatro primeiros livros e fragmentos do quinto, correspondentes aos anos 69-70, ou seja, à época em que ocuparam o poder, sucessivamente, Galba, Oto, Vitélio e Vespasiano, césares imediatamente posteriores aos da chamada "dinastia júlio-claudiana". No prefácio do livro I, Tácito fala de sua intenção como historiador: rejeitar a adulação e os ódios pessoais. Em seguida, valendo-se de numerosas fontes, pinta um retrato de Roma, a um tempo apaixonado e realista, no qual não faltam os lances patéticos e os toques pitorescos. Nos livros I e III, encontramos alguns dos melhores momentos da obra: a descrição do assassínio de Galba, a narração da entrada triunfal de Vitélio em Roma e a da batalha de Cremona.

Os quadros são compostos com beleza e vigor, neles se evidenciando certo gosto pelos efeitos retóricos. A linguagem revela influência de Tucídides e Salústio: apresenta algum brilho poético, não obstante, de maneira geral, o estilo possa ser considerado sóbrio. A psicologia das personagens e das massas é tratada com extremo cuidado, sendo responsável pela intensidade dramática de certos trechos, nos quais a preocupação com a construção chega a trair a própria veracidade histórica.

Os *Anais*, cuja redação é cronologicamente posterior à *Histórias*, remetem-nos a acontecimentos anteriores aos ali tratados. Dos dezoito livros originais, nos quais o historiador se ocupou dos fatos desenrolados durante os dias de Tibério, Calígula, Cláudio e Nero, perderam-se parte dos livros V e VI (referentes a Tibério), os livros VII, VIII e IX (a Calígula), o X (início do governo de Cláudio) e os dois últimos, XVII e XVIII, que deveriam reportar-se ao período final do governo de Nero.

Como nas *Histórias*, nota-se nos *Anais* a viva sensibilidade de Tácito, a visão pessimista da época em que viveu e a preocupação com composição e o estilo.

O trecho abaixo oferece uma amostra do trabalho do historiador:

> Em Roma, no entanto, depois que se espalharam as notícias sobre o estado de saúde de Germânico, os comentários se torna-

ram ainda piores em virtude da distância que o separava da cidade. A dor, a ira e os murmúrios irromperam de todos os lados: "Foi por esse motivo que o mandaram para aquelas regiões longínquas; foi por esse motivo que a província foi entregue a Pisão. Essa a razão das conversas secretas entre Augusta e Plancina. Os velhos falaram a verdade a respeito de Druso: o valor cívico dos filhos desagradou aos governantes. Não foi por outra razão que eles foram mortos: eles queriam devolver ao povo romano o pleno direito à justiça, com a devolução da liberdade".

A notícia de sua morte acendeu esses rumores de tal forma que antes que se promulgasse um edito dos magistrados ou um senatusconsulto, as atividades foram suspensas, esvaziando-se os tribunais, e as casas foram fechadas. Por toda parte havia silêncio e gemidos, mas nada era feito por ostentação. Se o povo não se absteve dos sinais externos da tristeza, cobriam-se as pessoas de luto, na verdade, no interior de suas almas.

Nesse meio tempo, entretanto, mercadores que haviam saído da Síria, enquanto Germânico ainda estava vivo, trouxeram notícias melhores a respeito de seu estado de saúde. As notícias foram imediatamente aceitas e divulgadas. Quem as recebia, embora não soubesse grande coisa, passava-as a outros que as modificavam, pela alegria exagerada. Todos corriam pela cidade, forçavam as portas dos templos. A noite é auxiliar da credulidade: ela se afirma com mais segurança entre as trevas. Tibério não impediu a divulgação das notícias falsas, mas elas se desvaneceram com o passar das horas. E o povo chorou mais amargamente, como se Germânico lhes tivesse sido roubado mais uma vez.

(Tác. *An*. II, 82, 1-5)

A história após Tácito: Suetônio

Tácito é o último dos grandes historiadores romanos. Depois dele continuam a aparecer alguns escritores que se interessam por temas históricos. Nenhum, entretanto, logra atingir a importância de Salústio, Tito Lívio e Tácito.

Suetônio (*Caius Suetonius Tranquillus* – 69?-141?), secretário do imperador Adriano, é mais um biógrafo do que propriamente um historiador. Escreveu, entre numerosas outras obras, versando sobre assuntos diversos, uma coletânea de biografias de figuras notáveis das letras latinas, *Homens ilustres* (*De viris illustribus*) – perdida em sua maior parte –, e as conhecidas *Vidas dos doze Césares*, cujo título original é ignorado.

Nessa obra, escrita por volta de 120 d.C., Suetônio apresenta a biografia de cada um dos doze primeiros imperadores de Roma, seguindo sempre o mesmo esquema de composição: origem, nascimento, nome, carreira, reinado e morte.

Embora se tenha valido de muitas fontes e revele preocupação em analisá-las, Suetônio é, por vezes, bastante ingênuo. Não pretende, como seus antecessores, dar um tom moralista à obra, mas não consegue isentar-se totalmente de proceder a certo julgamento das figuras que retrata.

Escrevendo de forma clara, precisa e agradável – em que pese o fato de ter sido acusado de não construir com o devido cuidado a narrativa –, Suetônio ofereceu ao público uma obra simples mas importante pelo que revela sobre múltiplos aspectos da Roma imperial. Bastante interessante e pitoresca, tem servido de fonte a numerosos textos ficcionais que se baseiam na história romana.

Epitomadores e *História Augusta*

Na época em que viveu Suetônio, a história começa a tomar novos rumos em Roma. As grandes obras, em muitos livros, cedem seu lugar a resumos ou textos condensados. Floro (*Florus*), contemporâneo do autor das *Vidas dos doze Césa-*

res, resume em dois livros a obra de Tito Lívio, escrevendo com certa solenidade, nos moldes da antiga retórica; Justino (*Iustinus*), um pouco mais tarde, abrevia a imensa obra do historiador gaulês Trogo Pompeu (*Pompeius Trogus*), as *Histórias filípicas* (*Historiae philippicae*), em quarenta e quatro livros.

No século IV de nossa era, surgem as últimas obras históricas, realizadas ainda nos moldes de uma concepção pagã do mundo. É desse período a *História Augusta* (*Historia Augusta*), nova coletânea de biografias de imperadores romanos. De autoria discutível, embora nela sejam citados pelo menos seis autores diferentes, responsáveis, cada um, por algumas das biografias, a obra abrange o longo lapso temporal que se estende de 117 (época de Adriano) a 284 (época de Numério). Bastante irregular, tanto do ponto de vista estilístico quanto no que diz respeito à veracidade histórica, a *História Augusta* é importante por retratar um momento bastante especial da vida romana e do Império – quando se acentua, a cada passo, a decadência –, por focalizar os grandes dramas políticos da época e também os costumes, as festividades e os divertimentos.

São contemporâneos da *História Augusta* os textos de Aurélio Vítor (*Aurelius Victor Afer*) e de Eutrópio (*Eutropius*). O primeiro pretendeu continuar a obra de Tito Lívio, escrevendo *Os Césares* (*Liber de Caesaribus*); o segundo é autor da conhecida *História romana abreviada* (*Breviarium historiae Romanae ab Vrbe condita*).

O cristianismo, florescendo em Roma após o duro período das primeiras perseguições, modifica a visão do mundo e, por conseguinte, a própria concepção de história. Esta, em vez de servir aos interesses humanos, vai prestar-se à interpretação da revelação da vontade divina. É assim que vamos encontrá-la nos textos de escritores que, sem serem a rigor historiadores, abordam, de alguma forma, temas históricos: São Jerônimo (*Hieronymus* – 341?-420), com sua *História da literatura cristã* (*De viris illustribus*); Santo Agostinho (*Aurelius Agostinus* – 354-430), com *A cidade de Deus* (*De Civitate Dei*), obra a um tempo doutrinária e histórica; Sulpício Severo (*Sulpicius Severus* – 360?), com *Crônica* (*Chronica*) – um resumo da história universal – e *Vida de São Martinho* (*Vita Martini*); e Orósio (*Paulus Orosius*) com *Contra os pagãos* (*Historiarum adversus paganos libri VII*).

O caráter dogmático-didático de tais obras, a finalidade explícita que têm e as características especiais de que se revestem fazem com que devam ser analisadas em outro plano e não no estritamente literário.

A ORATÓRIA

Voltado, desde os primeiros tempos de Roma, para a política, a magistratura e o direito, o romano empenhou-se, muito cedo, em encontrar as melhores formas para expressar-se em público, conquistando seus ouvintes e persuadindo-os. Desenvolveram-se, assim, técnicas de oratória que fizeram da eloquência uma arte.

Embora seu caráter pragmático e utilitário se mantivesse sempre, a oratória pôde ser considerada como um dos gêneros literários em prosa no momento em que a preocupação com a beleza formal do que se dizia tornou o discurso em algo mais do que simples conjuntos de palavras destinadas a impressionar.

Ápio Cláudio Cego, no final do século IV a.C., helenista antes que o helenismo literário se instalasse em Roma, já era conhecido como orador famoso. Com o nome do velho administrador romano, Cícero abre a longa lista de oradores dos quais se ocupa em *Bruto* (*Brutus*), um de seus tratados de retórica.

Nessa obra, construída nos moldes dos trabalhos de Platão, o autor monta um diálogo que se trava entre Bruto, Ático e o próprio Cícero. Este, antes de chegar à costumeira autovalorização, defendendo as características dos próprios discursos que compõe, esboça uma espécie de história da eloquência latina, citando aqueles que se destacaram no assunto. Além de Ápio Cláudio Cego, Cícero menciona outros oradores importantes: Catão, o Censor, que, entre o final do século II e o século I a.C., não só pronunciou muitos discursos, hoje perdidos, como ainda procurou definir o orador como "o homem de bem que é capaz de discursar", na enciclopédia que escreveu para o filho, *Livros para meu filho* (*Ad filium libri*); Cipião Emiliano (185-129? a.C.), cônsul e general, responsável pela tomada de Cartago e da Numância, orador de estilo vivo e pitoresco, amigo da filosofia e das artes; Lélio, amigo particular de Cipião Emiliano, a quem Cícero dedicou seu tratado filosófico *Sobre a amizade* (*De amicitia*); Galba, conforme as palavras de Cícero, "o primeiro a proceder às operações próprias do orador: embelezar o assunto com digressões, encantar o auditório, emocioná-lo, conferir às coisas uma importância que elas não têm, manejar o patético e as ideias gerais" (*Brut.* 82). Cícero fala ainda de Papírio Carbão, tribuno e cônsul entre 131 e 120 a.C., orador de "suave talento"; dos irmãos Gracos – Tibério e Caio –, grandes batalhadores, mortos, ambos, durante as crises políticas que provocaram, lutando pelas causas populares, sobretudo pelas que envolviam questões agrárias; de Antônio (143-87 a.C.) e Crasso (140-91 a.C.) – seus antigos mestres – e de outras figuras de sua época: Cota, Sulpício Rufo, Galba e Hortênsio.

Após todos esses nomes, avulta a figura do próprio Cícero, sem dúvida o maior orador que o mundo romano conheceu e uma das principais personagens literárias a marcar a eloquência universal de todas as épocas.

Cícero orador

A vida literária de Cícero (*Marcus Tullius Cicero* – 106-43 a.C.) confunde-se com a oratória, à qual ele se dedicou desde muito jovem, e esta delimita, por assim dizer, o primeiro período clássico da literatura latina, a chamada "época de Cícero".

Costuma-se estabelecer, como balizas temporais desse momento, os anos 81 e 43 a.C., datas, respectivamente, do primeiro discurso pronunciado em público e da morte do orador.

A estreia de Cícero se deu quando o jovem advogado de vinte e cinco anos, que até então se dedicara exclusivamente aos estudos e ao próprio aperfeiçoamento cultural, se defrontou com o experiente Hortênsio, defendendo Quíncio num processo de espoliação. Era Hortênsio (*Quintus Hortensius Hortalus* – 114-50 a.C.) um advogado famoso em Roma, veemente, inflamado, dono de um estilo vivo e rápido e de um fraseado elegante e polido. Medindo-se com tal figura, Cícero compôs um discurso que, embora ostentasse maneirismos de linguagem e sobrecarga de elementos ornamentais, revelava já aquelas características que, para ele, são essenciais à arte oratória: era escrito com inteligência e sensibilidade, explorava o poder da palavra e tinha o objetivo de persuadir. O próprio plano de composição mostra que todo o discurso é voltado para esta finalidade. A preocupação de Cícero, ao compor tal obra, foi, evidentemente, a de ganhar a causa, adquirindo reputação e satisfazendo ao cliente e a sua própria ambição. Para isso era preciso convencer o público e os juízes. Cícero empregou todos os meios para esse fim. No exórdio chamou a atenção para sua falta de prática, colocando-se em confronto com o "eloquentíssimo" advogado adversário. Na narração e nas proposições ressaltou a injustiça de que fora vítima seu cliente. Na peroração valeu-se do patético, utilizando-se de paralelismos abusivos, em que as antíteses se justapõem, num desejo de efeito retórico:

> É doloroso ser espoliado de seus bens; mais doloroso quando injustamente; é acerbo ser enganado por alguém; mais acerbo por um parente; é calamitoso perder a fortuna; mais calamitoso quando com desonra; é funesto ser abatido por um homem honesto e corajoso; mais funesto por aquele cuja voz se prostituiu na adulação; é indigno ser vencido por um igual ou um superior; mais indigno por alguém que é mais vil e inferior; é triste ser entregue a outro com seus bens; mais triste, a um inimigo.
>
> (Cic. *Quinc.* XXXI)

De 81 a 43 a.C. são muito numerosas as peças oratórias compostas por Cícero. Cinquenta e seis chegaram até nossos dias.

De modo geral, podemos dividi-las em duas categorias: discursos judiciários, subdivididos em civis e criminais, e discursos políticos.

Entre os primeiros, salientam-se pela importância *Em favor de Róscio Amerino* (*Pro Roscio Amerino* – 79 a.C.), as *Verrinas* (*In Verrem* – 70 a.C.), *Em favor de Murena* (*Pro Murena* – 63 a.C.), *Em favor de Árquias* (*Pro Archia* – 62 a.C.), *Em favor de Célio* (*Pro Caelio* – 56 a.C.) e *Em favor de Milão* (*Pro Milone* – 52 a.C.). Entre os discursos, lembramos as *Catilinárias* (*In Lucium Catilinam orationes IV* – 63 a.C.) e as *Filípicas* (*Philippicae orationes* – 44/43 a.C.).

São muito variados os assuntos tratados nesses discursos.

Em favor de Róscio Amerino, discurso criminal, corresponde à primeira "causa pública" da qual Cícero participou. Com esse trabalho, o então jovem advogado ousou defender seu cliente, acusado de parricídio, refutando a acusação que partia de pessoas muito relacionadas com a facção de Sila. Embora tenha trazido a vitória a Cícero, o discurso bastante audacioso, foi talvez o motivo que levou o orador a afastar-se de Roma por algum tempo, em viagem à Grécia.

De volta à Itália, após dois anos de estudos em Atenas e Rodes, Cícero permaneceu por algum tempo na Sicília, como questor (76 e 75 a.C.). Alguns anos depois, a pedido dos habitantes da ilha, procedeu a um inquérito sobre as atividades do antigo pretor, Verres, a quem acusou veementemente nas *Verrinas* – sete discursos judiciário-criminais com implicações políticas, nos quais Cícero procurou traçar a biografia de Verres, mostrando os crimes por ele cometidos, sobretudo os de corrupção.

Só os dois primeiros discursos foram pronunciados diante dos juízes. Verres se exilou e os cinco discursos finais, que formavam a segunda parte do conjunto, abrangendo questões diversas, foram publicados pelo orador.

Em 63, entretanto, curiosamente, Cícero assumiu a defesa de Murena, acusado também de corrupção, e conseguiu sair-se vitorioso de tal causa com o discurso *Em favor de Murena,* no qual sua posição é bastante discutível.

Em 62 a.C., Cícero defendeu o poeta grego Árquias, acusado de usurpação de direito de cidadania, pronunciando *Em favor de Árquias*, que, conquanto seja um discurso criminal, é também um belo elogio às letras e, sobretudo, à poesia.

Em favor de Célio e *Em favor de Milão* foram escritos para a defesa de figuras relacionadas com a política romana, acusadas, respectivamente, de libertinagem e envolvimento em assassinato. Cícero ganhou a causa de Célio, mas não teve a mesma sorte, ao defender Milão.

As *Catilinárias* e as *Filípicas* são, provavelmente, os mais famosos discursos políticos de Cícero. As *Catilinárias* formam um conjunto de quatro discursos, pronunciados em 63 a.C., nos quais o orador faz veemente invectiva contra Catilina, seu rival político, acusado de pretender matá-lo e de ter desejado incendiar parte de Roma. As *Filípicas* – inspiradas nas orações homônimas de Demóstenes – são catorze discursos escritos entre 44 e 43 a.C. Neles Cícero ataca violentamente a vida particular e pública de Marco Antônio, o triúnviro. Escritas sob forma de panfletos e divulgadas em toda a Itália, as *Filípicas* não chegaram a ser pronunciadas em sua totalidade, mas marcaram o fim da carreira oratória e política de Cícero, tendo sido as grandes responsáveis por sua condenação e morte.

Apesar de serem apaixonantes os assuntos tratados por Cícero, ele não chegou a demonstrar uma atitude moral coerente ou uma posição política uniforme. Combateu Verres, como vimos, acusado de apossar-se de bens públicos, e defendeu Cluêncio, acusado do mesmo crime (*Em favor de Cluêncio*). No primeiro discurso concernente a questões agrárias, intitulado *Sobre a lei agrária* (*De lege agraria*) e pronunciado diante do Senado, Cícero considerou uma insensatez a anexação do Egito, pretendida por Roma; no segundo, feito diante do público, afirmou que, como cônsul, não tinha intenção de emitir uma opinião a esse respeito. Elogiou Pompeu em *A favor da lei manilia* (*De lege Manilia*) e César em *Sobre as províncias consulares* (*De provinciis consularibus*). A hesitação do orador torna-se claramente perceptível. Suas atitudes são contraditórias: para casos semelhantes, as soluções são diferentes.

Se não se pode, portanto, depreender dos discursos um conceito de justiça e de bem – em que pesem os conhecimentos filosóficos do orador, demonstrados a cada passo –, esses mesmos discursos exemplificam, na prática, os princípios retóricos fixados nos tratados por ele escritos.

Cícero distinguia cinco fases na obra oratória: em primeiro lugar, a *invenção* (o orador deveria reunir todos os elementos possíveis relacionados com a causa, para poder narrar os fatos, explorá-los em benefício dos clientes e refutar os argumentos contrários); em seguida a *disposição* (o orador deveria organizar as ideias), a *memorização* (todos os fatos deveriam ser perfeitamente conhecidos e dominados), a *elocução* (quando o orador procuraria adequar a frase ao que seria dito) e a *ação* (o manejo da voz, quanto a entonação e timbre, o uso do gesto e da postura corporal).

Para Cícero, o discurso não devia apenas *dizer* alguma coisa; devia *ensinar, agradar* e *comover*. Suas obras parecem atingir esses objetivos. Surge, porém, uma dúvida quando lemos, hoje, as peças oratórias. Não sabemos até que ponto o texto escrito corresponde àquilo que foi dito na tribuna ou na praça pública. É possível que Cícero, como afirmou Quintiliano, escrevesse apenas as partes mais importantes, improvisando o resto. Um liberto seu, Tirão, espécie de secretário particular, anotava o que o escritor dizia, recompunha o texto e o preparava para a publicação. O que temos hoje de *Em favor de Murena* é um resumo do discurso verdadeiro. *Em favor de Milão*, segundo Díon Cássio, é muito diferente do discurso original. Conforme o historiador, Milão, condenado ao exílio, recebeu em Marselha a cópia do discurso. Escreveu, então, ao advogado, reclamando: se Cícero tivesse pronunciado *aquele discurso* cuja cópia recebera, não estaria naquele momento sofrendo as penas da condenação.

Em outros trabalhos, entretanto, não parece ter havido grandes modificações. Sabe-se que Cícero publicava seus discursos logo depois de pronunciados e, por essa razão, diferenças acentuadas que aparecessem seriam percebidas pelo público.

Escritos com o maior cuidado e preocupação, os textos oratórios não só revelam a arquitetura da composição como também, e principalmente, a pureza e a correção da língua e a riqueza de estilo. O vocabulário é vasto, erudito, escolhido; o ritmo da frase é trabalhado e intencional; as figuras de harmonia são usadas com frequência.

As *Catilinárias* nos oferecem, a todo momento, exemplos dos inúmeros recursos utilizados pelo orador: há frases interrogativas ("Até quando, Catilina, abusarás de nossa paciência? Até que ponto tua loucura nos iludirá? Até que limite esta audácia desenfreada se jactará? Acaso não te moveram nem a guarda noturna do Palatino, nem o temor do povo, nem o concurso de todos os homens de bem, nem este lugar fortificado onde o Senado se reúne, nem os rostos e os semblantes destes que aqui estão?"); há frases exclamativas ("Ó tempos! ó costumes!"), repetições anafóricas ("Nada fazes, nada arquitetas, nada pensas que eu não veja e não sinta") e preterições ("Não vou falar da hipoteca de teus bens"), além de elementos ornamentais em profusão.

No manejo dos períodos, Cícero demonstra como domina a língua. As frases se harmonizam e o ritmo compõe uma espécie de música: rápido nas invectivas e nos momentos patéticos, lento e majestoso nos exórdios e nas exposições.

Todas essas qualidades fizeram de Cícero o grande orador que o mundo romano conheceu, mas levaram-no também à ruína e à destruição. A causticidade das *Filípicas* alvejou Marco Antônio, mas atingiu de forma mais violenta aquele que as concebeu.

A oratória romana após Cícero

A morte de Cícero, em 43 a.C., ocorreu num momento em que toda a vida romana passava por profundas modificações. O corpo senatorial perdia sua força e o poder começava a concentrar-se, de forma sensível, nas mãos daquele que, um pouco mais tarde, seria o *princeps*, o *imperator*. A eloquência, que, alguns anos antes, havia feito desabrochar a prosa literária, manifestando-se sob diversas modalidades, começa a perder sua razão de ser no momento em que o imperador assume, entre outras funções, a de julgar.

As escolas de retórica mudam suas diretrizes. Em vez de prepararem oradores para o exercício do direito e da política, preparam pessoas treinadas em exercícios verbais, destituídos de qualquer outra função que não seja a de simplesmente exibir o manejo da língua em suas múltiplas possibilidades de expressão. É o cultivo da palavra pela palavra que se manifesta nas suasórias (exercícios escolares exortativos) e controvérsias (exercícios escolares judiciários) – trabalhos dos quais Sêneca, o Pai, conservou alguns exemplos.

Nesses textos podemos observar o gosto pela declamação, o rebuscamento de estilo e o abuso de figuras e elementos ornamentais. O aspecto formal, requintado, procura encobrir o esvaziamento de conteúdo. A preocupação se concentra nos efeitos brilhantes e nas tiradas patéticas.

A grande eloquência jurídica da época de Cícero vai reduzir-se a discursos inexpressivos – perdidos, em sua grande maioria – e a peças solenes e encomiásticas, os *panegíricos*.

Plínio, o Jovem, e o *Panegírico de Trajano*

Discípulo de Quintiliano – o principal mestre de retórica do século I de nossa era –, Plínio, o Jovem (*Caius Plinius Caecilius Secundus* – 62-111?), soube unir a uma brilhante carreira política o renome de um homem de letras voltado para a eloquência e a epistolografia. Dos discursos que pronunciou e publicou resta pouca coisa. O *Panegírico de Trajano* – conservado numa coletânea de obras congêneres – é, possivelmente, a ampliação de um discurso pronunciado por Plínio, quando de sua designação, pelo imperador, como cônsul.

Bastante extenso, revela uma prolixidade provavelmente intencional, superabundância de elementos retóricos e preocupação excessiva com o elogio fácil. O texto, entretanto, tem o mérito de revelar-nos aspectos importantes da vida política da época, sobretudo os que dizem respeito às reformas feitas por Trajano.

Nos moldes do trabalho de Plínio, surgiram vários panegíricos em homenagem a outros imperadores. Muitos deles são da autoria de um rétor gaulês, Eumênio (*Eumenius*), que teria vivido na segunda metade do século III. Encontram-se na mesma coletânea em que se encontra o panegírico de Plínio e são obras bem articuladas, escritas com preocupação linguística e estilística.

Oratória cristã

Surgindo em Roma em meados do século I, o cristianismo só vai, na verdade, encontrar expressão literária nas palavras de grandes escritores a partir do final do século II. Entre estes se situa Tertuliano (*Tertullianus* – 150?-230?), nascido em Cartago e convertido à nova seita já na idade madura. Conhecedor de retórica e de filosofia, compôs muitas obras de caráter apologético e teológico – das quais nos ocuparemos mais adiante – e pronunciou grande número de discursos, caracterizados por profunda lógica.

Muitos outros escritores cristãos se dedicaram à eloquência: a doutrinação cristã se vale grandemente da palavra oral. Entre eles podemos lembrar Arnóbio (*Arnobius*) e Lactâncio (*Lactantius*), autores da época de Diocleciano, que, ao lado de textos apologéticos, escreveram também numerosos discursos.

Se destes, no entanto, nada restou, chegaram até nossos dias as *Orações fúnebres* de Santo Ambrósio (*Ambrosius* – 330-397) e os *Sermões* de Santo Agostinho.

As *Orações fúnebres* – entre as quais as mais conhecidas foram pronunciadas em homenagem a Sátiro, irmão do orador, e a Valeriano II e Teodósio, imperadores de Roma – apresentam uma linguagem suave, conforme a opinião de Santo Agostinho; o plano de composição, todavia, se ressente de certa desordem, provavelmente por terem sido os discursos compilados tais como foram pronunciados. Santo Ambrósio faz neles muitas citações, tiradas da Bíblia, dando-lhes, contudo, uma interpretação bastante pessoal.

Os *Sermões* de Santo Agostinho, igualmente compilados após a exposição oral, demonstram que o autor possuía conhecimentos de retórica. Embora bastante singelos – e nisto se distanciam bastante das cartas e dos tratados por ele escritos –, mostram que o orador pretendia atingir o grande público mas deixam adivinhar a primorosa formação de quem os pronunciou.

A RETÓRICA

Dedicando-se muito cedo à oratória política e jurídica, os romanos, pragmáticos e práticos por natureza, não se descuraram da formação dos oradores, procurando fornecer-lhes elementos que os capacitassem para o desempenho de suas atividades. Para isso foram criadas escolas de retórica, cujas características se diferenciavam de uma para outra, conforme a época e a *moda* do momento.

Como consequência do trabalho realizado nas escolas, começaram a surgir, desde o início do século I a.C., os primeiros tratados de retórica – obras que estabeleciam os princípios do bem-falar.

Marco Antônio (*Marcus Antonius* – 143-87 a.C.), político e orador – um dos mestres de Cícero –, foi provavelmente um dos primeiros tratadistas tendo escrito *Sobre a razão de falar* (*De ratione dicendi*), texto em que procurou demonstrar como deveria ser formado o orador para que fosse capaz de vencer, a qualquer título. Mais conhecido do que esse tratado é a *Retórica a Herênio* (*Rhetorica ad Herennium*), obra escrita entre 84 e 82 a.C. e atribuída ora a Cornifício, ora a Cícero. Composto de quatro livros e inspirado em modelos gregos, o texto analisa as três partes da eloquência (*invenção*, *disposição* e *elocução*) e procura mostrar aos romanos os cânones da oratória grega.

Mais ou menos à mesma época em que foi elaborada a *Retórica a Herênio*, Cícero escreveu *Sobre a invenção* (*De inventione*). Obra de juventude, considerada, por vezes, como uma reedição da *Retórica a Herênio*, o texto se compõe de dois livros nos quais é analisada a questão referente à busca de argumentos.

Essas obras se constituem em primeiros ensaios no campo da retórica. Os grandes textos só vão aparecer mais tarde, quando, por volta de 55 a.C., experiente e maduro, Cícero der a público trabalhos do quilate de *Sobre o orador* (*De oratore*), *Bruto* (*Brutus*), *O orador* (*Orator*) e *Sobre o melhor gênero de oradores* (*De optimo genere oratorum*).

Cícero e a retórica

Mais de vinte anos medeiam entre *Sobre a invenção* e *Sobre o orador*, a primeira das grandes obras de retórica de Cícero. Transformara-se ele na figura mais conceituada e evidente da oratória romana. Por outro lado, atravessara maus momentos numa agitada vida pública que determinou seu afastamento da política e seu exílio. Foi provavelmente nesse período, decorrido entre 62 e 57 a.C., que Cícero se dispôs a deixar registrada em tratados alguma coisa do que marcara a eloquência por ele desenvolvida entre 81 e 62 (e retomada, posteriormente, quando de seu retorno a Roma, em 57 a.C.).

Sobre o orador, dedicado a seu irmão Quinto e publicado em 55 a.C., em três livros, é composto em forma de diálogo, como se fosse uma "conversa" que teria sido travada em 91 a.C. e da qual participavam Antônio e Crasso – dois antigos mestres de Cícero –, Cota e Sulpício Rufo – discípulos dos primeiros – e outras figuras conhecidas no mundo da oratória, tais como Múcio Cévola e César Estrabão. No livro I, Crasso e Antônio expõem suas opiniões no que diz respeito à formação do orador. O primeiro considera a cultura geral como o principal requisito: o orador deve ser dono de grande saber; o segundo julga que a prática de eloquência é mais importante. Em seguida, os interlocutores discorrem sobre as qualidades exigidas de quem vai dedicar-se à oratória: aptidões naturais, gosto pela arte, conhecimento de matérias várias, como o direito e a história, e perseverança nos exercícios. O livro II é consagrado à composição do discurso, às partes principais do processo oratório (*invenção*, *disposição* e *elocução*). O livro III analisa os diversos passos da *elocução*.

Valorizando os dons naturais, a aplicação, o estudo, a reflexão e os conhecimentos gerais na formação do orador, Cícero se opõe à vulgarização da retórica.

Em 46 a.C. – nove anos após a publicação de *Sobre o orador* –, Cícero oferece ao público dois novos tratados de retórica: *Bruto* e *O orador*. As circunstâncias políticas o haviam afastado da vida pública e o neoaticismo, preconizando uma eloquência despojada e simples, procurava obscurecer aquilo que havia sido a razão de sua glória: a oratória veemente e apaixonada. Com esses dois tratados, Cícero dá a impressão de estar procurando salvaguardar sua imagem.

Bruto – texto sobre o qual já tivemos oportunidade de falar – é uma história de eloquência latina. Composto sob forma de um diálogo, do qual participam o próprio Cícero, Bruto e Ático, o livro apresenta uma galeria de oradores, de Ápio Cláudio Cego aos dias de Cícero, mostrando a evolução do gênero oratório em Roma. Embora o escritor dê mostras de que está exaltando sua própria atividade, o tratado, mais uma vez, aponta as ideias de Cícero no tocante às características de um bom orador:

> Digamos algo, porém, a respeito de Marcos Calídio. Ele não foi apenas um dos muitos oradores; foi um orador singular, entre muitos. Seu estilo, suave e brilhante, vestia o pensamento profundo e original. Nada era tão brando como a sua forma de unir as palavras, nada era tão flexível [...].
> Em primeiro lugar, sua frase era pura; nada lhe era comparável em matéria de fluência, ela corria livremente, sem tropeços [...].
> Não se via uma palavra chocante, insolente, vulgar ou rebuscada [...] Havia, entretanto, aqueles ornamentos de linguagem que os gregos chamam *schémata* (figuras), com os quais um período se distingue dos demais, como acontece com os enfeites, em uma vestimenta.
>
> (Cic. *Brut.* 79, 274-5)

O orador, dedicado a Bruto, tem um tom polêmico e doutrinal. Cícero responde aos neoáticos, que preconizavam uma eloquência simples, fazendo um retrato do que seria o grande orador e expondo a técnica que sempre utilizara em seus discursos.

Sobre o melhor gênero de oradores, composto entre 46 e 44 a.C., não chega a ser um tratado, como as obras anteriores. Foi escrito para ser uma espécie de prefácio a uma tradução do *Contra Ctesifonte*, de Ésquines, e do *Sobre a coroa*, de Demóstenes. É um resumo de *O orador*, no qual, mais uma vez, se delineia a posição de Cícero em relação ao neoaticismo.

A retórica na época da "dinastia júlio-claudiana": Sêneca, o Rétor

Após Cícero, embora a retórica se tivesse desenvolvido em Roma nas escolas do rétores, não surgiram, até os dias de Calígula, tratados dignos de menção. Por volta de 37 d.C., entretanto, um rétor natural de Córdova, conhecido como Sêneca, o Pai, ou Sêneca, o Rétor (*Lucius Annaeus Seneca* – 60? a.C.-39? d.C.), publicou uma série de exercícios retóricos apresentados em sessões públicas às quais assistia, sistematicamente.

A obra de Sêneca, o Rétor, constava de dez livros, dos quais temos cinco, na íntegra, havendo, todavia, resumos dos demais. Nesses livros, o autor apresenta *Suasórias* (*Suasoriae*) – exercícios escolares que consistiam em discursos exortativos, nos quais o orador se dirigia a uma personagem mitológica ou histórica, aconselhando-a a como proceder numa situação imaginária, forjada especialmente para servir de tema ao discurso – e *Controvérsias* (*Controuersiae*) – debates simulados.

Os extratos oferecidos mostram-nos as características da oratória da época: empolada, rebuscada, tentando encobrir com a sobrecarga dos elementos ornamentais o vazio do conteúdo. Interessam-nos sobretudo, nos livros de Sêneca, o Pai, os prefácios. Neles o escritor faz considerações sobre a retórica, revelando-nos, muitas vezes, sua posição crítica em relação ao assunto.

A nova retórica: Quintiliano

A oratória superficial e ornamentada que dominou o período júlio-claudiano e da qual temos suficientes exemplos nas *Suasórias* e *Controvérsias* de Sêneca, o Rétor, vai encontrar um forte opositor em Quintiliano (*Marcus Fabius Quintilianus* – 30 d.C.?-95 d.C.), advogado e proprietário de famosa escola de retórica, fundada, ao que parece, por volta do ano 70 de nossa era.

Como rétor e mestre de alunos ilustres – entre os quais alguns parentes do imperador Domiciano –, Quintiliano se notabilizou tanto por ter procurado reconduzir a oratória a suas dimensões legítimas, colocando-a a serviço da pátria e do direito, como por ter-se preocupado sobremodo com questões de ordem moral.

A primeira obra que compôs – um opúsculo intitulado *Sobre as causas da corrupção da eloquência* – não chegou até nossos dias. Permaneceu, porém, na íntegra, seu grande tratado em doze livros, *A formação do orador* (*Institutio oratoria*).

Embora ambiciosa pela própria extensão, a obra de Quintiliano tem um objetivo único: explicitar o necessário para a formação do orador. A fórmula defendida por ele é a mesma que fora preconizada por Catão, o Censor: o orador deve ser "o homem de bem, capaz de discursar". A partir de tal premissa, desenvolve-se toda a teoria de Quintiliano.

A exposição é metódica. No *proemium* que antecede o livro I, ele discorre rapidamente sobre as razões que o levaram a escrever a obra, dedicando-a a Marcelo Vitório, para uso de seu filho Geta.

No livro I, fala sobre o futuro orador: o educando, a criança. Esse livro pode ser considerado como um verdadeiro tratado pedagógico. O autor nele procura mostrar como preparar a criança, desde o seu nascimento, prestando-se atenção aos que a cercam e transmitindo-se a ela noções compatíveis com a idade. Fala, em seguida, da alfabetização. Para Quintiliano, esta se inicia com o conhecimento das letras. Antecipando-se, de muitos séculos, àqueles que se preocuparam com material didático adequado aos interesses da criança, Quintiliano se refere a figuras de marfim, no feitio de letras, que devem ser dadas ao menino pequeno para que ele se habitue com as formas. Só quando conhecer todas as letras é que a criança deverá ser iniciada na formação de sílabas, palavras e, finalmente, frases. As frases apresentadas à criança para a leitura devem sempre transmitir algum ensinamento. Os versos devem ser ensinados desde cedo. A leitura deve ser ministrada como se fosse um jogo.

Depois de ideias tão "modernas", Quintiliano discute as conveniências e inconveniências da educação no lar e na escola; decide-se, porém, pela preferência à educação escolar: na escola a criança se sociabiliza e entra em contato com a emulação natural; em casa, é entregue a servos que nem sempre têm bons costumes e, sendo estrangeiros, muitas vezes não dominam corretamente o latim.

Discorre em seguida sobre programas escolares, mostrando a importância da adequação da matéria e da dosagem do ensino. Ao mencionar as leituras que serão recomendadas aos estudantes, faz uma apreciação crítica sobre os escritores do passado, sobretudo os poetas. No livro II, detém-se em considerações sobre o preceptor, as qualidades que deve ter, a metodologia que deve seguir. Discorre, em seguida, sobre a retórica e sua utilidade e natureza. Do livro III ao XI, ocupa-se do discurso, analisando cada uma de suas partes e expondo sua opinião sobre os diversos estilos. O último livro (XII) é dedicado ao orador e a sua formação como tal.

Nas entrelinhas do texto depreendemos muitos aspectos da visão de Quintiliano sobre o Estado, as sociedades humanas, os deuses. Eclético, fundindo o estoicismo com a doutrina aristotélica, Quintiliano admite a existência de um Deus-Providência, embora creia que o mundo é submetido a uma ordem universal. Exalta as antigas qualidades romanas (prudência, temperança, coragem e justiça) e apregoa o amor pela virtude. Para ele, a decadência dos costumes está intimamente ligada à decadência da eloquência. Reage, assim, contra o "gosto moderno" de que Sêneca foi o expoente principal e prega, acima de tudo, a moral.

A língua de Quintiliano é própria de sua época. O estilo, rico em figuras, é, no entanto, bastante claro. O pensamento é sutil e preciso.

Mestre de jovens, ele exerceu grande influência sobre seus contemporâneos. Tácito e Plínio, o Jovem, se situam entre seus discípulos mais famosos.

Tácito e Plínio, o Jovem

Embora mais conhecido como historiador, Tácito também escreveu – provavelmente na época de Domiciano – um tratado de retórica que permaneceu algum tempo desconhecido do público: o *Diálogo dos oradores* (*Dialogus de oratoribus*). Dedicado a Fábio Justo e inspirado em *A formação do orador* de Quintiliano, o tratado é composto nos moldes dos trabalhos retóricos de Cícero. Simulando uma conversa mantida por um grupo de mestres de retórica, Tácito analisa um problema de grande atualidade em seu tempo: a decadência da oratória. Embora não chegue a resultados conclusivos – talvez por uma questão de prudência – o escritor parece combater a educação literária de sua época, a declamação que obscurece a reflexão, a falta de cultura geral dos oradores, a má educação familiar, a transformação das instituições políticas e jurídicas.

Plínio, o Jovem, não é um homem voltado especificamente para a retórica; em suas *Cartas*, entretanto, de permeio a numerosas outras questões, as observações referentes às letras ocupam lugar de destaque. Há verdadeiras dissertações sobre o ato de escrever e o de falar, sobre a necessidade de concisão, o gosto pelo purismo, a querela entre *antigos* e *modernos*, a utilização das traduções e a importância dos exercícios para a formação e o aprimoramento do estilo. Tais preocupações permitem que seja colocado entre os representantes da retórica latina.

FILOSOFIA, APOLOGÉTICA, TEOLOGIA

Enquanto na Grécia o pensamento filosófico se desenvolveu muito cedo, atingindo elevadíssimo nível e manifestando-se em obras que se constituíram no alicerce de toda a filosofia ocidental, em Roma ele tardou a despontar, surgindo como reprodução do pensamento helênico, sem nenhuma originalidade criativa.

Se Ápio Cláudio Cego se dedicou a alguma espécie de filosofia, não o sabemos com certeza. Cícero se refere a ele considerando-o filósofo, mas, ao que parece, aquilo que ele produziu nesse campo se limitou a meras *sententiae*, máximas morais em versos saturnios, às quais já fizemos referência. Ênio, em seus poemas didáticos *Epicarmo* e *Evêmero*, divulgou as doutrinas de Pitágoras e Evêmero; Varrão, em época imprecisa, escreveu um tratado intitulado *Sobre a filosofia* (*De philosophia*), que possivelmente abordava temas gerais da matéria. Tais obras se perderam, o que talvez tenha também ocorrido com um ensaio sobre o epicurismo, escrito por Amafínio, na primeira metade do século I a.C.

Dessa forma, a primeira grande obra filosófica que chegou, praticamente na íntegra, até nós foi o poema *Sobre a natureza*, de Lucrécio, no qual o poeta explanou de forma metódica toda a doutrina de Epicuro.

Publicado por Cícero, depois da morte de Lucrécio, o poema foi divulgado no momento em que o orador, após ter retornado do exílio, se dedicou à elaboração de tratados de retórica e de filosofia.

A obra filosófica de Cícero

Foi por volta de 54 a.C. que Cícero compôs suas primeiras obras de cunho filosófico: os tratados políticos *Sobre a república* (*De republica*) e *Sobre as leis* (*De legibus*). Estudioso de filosofia desde a adolescência, discípulo de importantes figuras da época, tais como Molão de Rodes, Panécio, Posidônio, Antíoco e outros, Cícero teve uma formação eclética, que se reflete em suas obras. Embora se revelasse hostil ao epicurismo, aproveitou-se da preceituação da doutrina estoica e do neo-academicismo, sem chegar, no entanto, a delinear claramente uma posição filosófica.

Suas obras abordam, predominantemente, os problemas de ordem política, moral e religiosa. Num único trabalho – *As acadêmicas* (*Academica*) –, composto por volta de 45 a.C., dedicou-se à especulação pura, desenvolvendo a teoria do conhecimento preconizada pela Nova Academia.

Sobre a república e *Sobre as leis* são, como se disse acima, tratados políticos. O primeiro – do qual temos apenas uma parte – é um diálogo, em seis livros, que procura discutir a melhor forma de governo. Supõe-se que Cícero – inimigo do epicurismo, que pregava a abstenção de qualquer atividade pública –, ao tomar conhecimento do poema de Lucrécio, cujo valor ele próprio reconheceu, procurou escrever uma espécie de resposta ao que Epicuro aconselhava: o tratado se abre com uma exposição sobre o dever de participar-se da vida política. Em seguida, são abordados os diversos problemas referentes às formas de governo. Cícero discute os três sistemas principais (monarquia, oligarquia e democracia) e discorre sobre a constituição romana, a justiça, a educação e a formação do político.

Sobre as leis, escrito em 52 a.C., em três livros, é um prolongamento de *Sobre a república*. Pode ser considerado um verdadeiro tratado de filosofia do direito no qual o escritor procede a uma pesquisa sobre os bens filosóficos do direito romano (livro I) e mostra seus aspectos religiosos (livro II) e seu lado público e constitucional (livro III). Para a composição dessa obra, Cícero se utilizou dos ensinamentos de Panécio e Posidônio, mas também se valeu de sua grande experiência pessoal e dos conhecimentos que possuía sobre as múltiplas facetas das atividades jurídicas.

Embora os tratados políticos tenham grande importância, são os tratados morais de Cícero os que despertam maior interesse do público leitor. Escritos já no fim de sua existência, num momento em que o escritor abandonara praticamente a vida pública e se dedicava a febril atividade intelectual, esses tratados revelam a extensão dos conhecimentos de Cícero e sua imensa capacidade de trabalho.

Sobre as definições do bem e do mal (*De finibus bonorum et malorum*) e *Discussões em Túsculo* (*Tusculanae disputationes*) são os mais complexos, dada a problemática que exploram. O primeiro, em cinco livros, procura determinar a essência do supremo bem, considerado como um fim em si, em função das tendências da natureza humana. Como as escolas filosóficas gregas haviam oferecido respostas contraditórias para tal questão, Cícero as apresenta, colocando-as nas palavras de interlocutores que dialogam. Qual é, afinal, o bem supremo? O prazer, como o quer o epicurismo? A virtude? Cícero não chega a aprofundar-se, embora analise, de alguma forma, as exposições que forja.

As *Discussões em Túsculo* são, praticamente, uma ilustração da obra anterior, partindo da identificação do supremo bem com a virtude. Apresentadas sob a forma de cinco conferências feitas pelo próprio Cícero, em sua *villa*, em Túsculo, as *Discussões* focalizam questões como a imortalidade da alma, a dor, a tristeza, as paixões e os males, em geral. Quem é sábio e cultiva a virtude – pensamento estoico, sem dúvida – se sobrepõe a todas as vicissitudes da vida e encontra a felicidade.

Sobre os deveres (*De officiis*), *Sobre a velhice* (*De senectute*) e *Sobre a amizade* (*De amicitia*), escritos entre 45 e 44 a.C., são tratados menores, que envolvem temas mais restritos, como se pode depreender pelos próprios títulos.

Das obras filosóficas que abordam problemas religiosos, *Sobre a natureza dos deuses* (*De natura deorum*) é a mais complexa. Escrita entre 45 e 44 a.C., compõe-se de quatro livros, nos quais Cícero procurou combater o epicurismo. A teoria estoica sobre os deuses, entretanto, também é refutada, muito embora, em outras obras, o escritor demonstre simpatia pelo estoicismo.

Sobre a adivinhação (*De diuinatione*), tratado também escrito em 44 a.C., é uma espécie de prolongamento da discussão encetada. Novamente o estoicismo vai ser combatido, uma vez que os estoicos admitem a crença em profecias, presságios, sonhos e sinais, o que, para Cícero, não passa de vã superstição.

Sobre o destino (*De fato*) fecha essa trilogia de tratados sobre assuntos religiosos. O estoicismo continua a ser discutido – agora em função da aceitação do determinismo –, mas as palavras finais têm por mira o epicurismo, atacado mais uma vez com vigor.

Em todos os tratados filosóficos, Cícero se mostra como o verdadeiro mestre da palavra. A prática da eloquência e o conhecimento de retórica sustentam a argumentação. A correção da frase, o cuidado com o estilo, as belas imagens, os exemplos históricos e a fluência do diálogo encobrem a superficialidade com que são focalizados alguns assuntos e a fragilidade de certas informações.

O pensamento filosófico de Sêneca

Depois dos tratados de Cícero, o pensamento filosófico só reapareceu em Roma, em obras de alguma importância, quando Sêneca – conhecido também como Sêneca, o Filósofo, ou Sêneca, o Trágico – se dispôs a escrever.

Filho de Sêneca, o Rétor, e natural de Córdova, Hispânia, Sêneca foi educado em Roma onde estudou com mestres estoicos e pitagóricos. Embora muito cedo se tivesse dedicado a uma incipiente carreira jurídica e política, foi obrigado a abandoná-la por questões de saúde. Um posterior exílio o manteve afastado de Roma de 41 a 48 d.C., quando foi chamado de volta à cidade, a pedido de Agripina – então esposa do imperador Cláudio –, para que se tornasse preceptor de Nero. De 48 a 62 Sêneca permaneceu ligado ao poder, passando a conselheiro de Nero quando o jovem, após a morte de Cláudio, se tornou imperador. De 62 a 65 – data de sua morte –, Sêneca se manteve afastado da vida pública.

Não se sabe a data exata em que foram compostos seus trabalhos filosóficos. Foram estes produzidos, no entanto, durante um longo período de sua existência, intensificando-se sobremaneira a produção nos anos que antecederam sua morte.

Sobre a ira (*De ira*) é, provavelmente, o mais antigo dos tratados – anterior ao exílio de Sêneca – e se ressente de certa inexperiência do autor, no manejo da dissertação filosófica. Dedicada a seu irmão, Novato, a obra se compõe de três livros. No primeiro, Sêneca descreve diversas manifestações de ira; no segundo, mostra que tal sentimento não é útil nem generoso e prega a autoeducação para vencê-lo; no terceiro, retoma questões já desenvolvidas nos livros anteriores.

Entre 40 e 43, Sêneca escreveu três *consolações*, entendendo-se por *consolação* um texto retórico-filosófico dirigido a alguém que passa por uma situação difícil, com o propósito de confortar.

A primeira das consolações de Sêneca, *Consolação a Márcia* (*Ad Marciam consolatio*), e também a mais bem construída e bela, foi escrita antes do exílio. Nos vinte e seis capítulos que a compõem, Sêneca procura levar um lenitivo a uma dama romana que acabara de perder um filho, lembrando a força que ela sempre demonstrara ter, citando exemplos históricos de grandes perdas e aconselhando-a a "governar-se como o piloto no meio do temporal". São tecidas considerações sobre o sofrimento, a inconstância da sorte e a fragilidade da vida. No final, Sêneca fala do descanso eterno da alma e da felicidade dos que podem atingi-lo.

A segunda consolação – *Consolação a Hélvia* (*Ad matrem Heluiam*) – é dirigida à sua própria mãe. Sêneca acabara de ser exilado. Escreve então a Hélvia, da longínqua Córsega, confortando-a, relembrando momentos tristes pelos quais ela passara com grande coragem, e descrevendo o local onde ele vive no momento.

A terceira e última consolação, *Consolação a Políbio* (*Ad Polybium*), é dirigida a um dos libertos de Cláudio, que perdera um irmão. Embora mutilado – faltam-lhe os dezenove primeiros capítulos –, o texto é bastante alusivo e demonstra um tom servil e bajulador. Tem-se nítida impressão de que Sêneca, no desespero do exílio, tentou chegar até Cláudio através de Políbio, que desfrutava de grande prestígio no palácio imperial.

Ao retornar a Roma, Sêneca volta a escrever tratados, impropriamente denominados diálogos. *Sobre a brevidade da vida* (*De breuitate uitae*), composto provavelmente no início de 49, é uma interessante reflexão sobre o tempo gasto com os afazeres pelas pessoas ocupadas, que não podem, por essa razão, voltar-se para seu mundo interior. Sêneca valoriza o *otium*, antecipando-se ao que vai escrever mais tarde, por volta de 62, quando compõe *Sobre o ócio* (*De otio*).

Sobre a clemência (*De clementia*) é um texto escrito provavelmente em 55, após a morte de Britânico – filho de Cláudio e, como Nero, herdeiro também do poder. É um tratado endereçado a Nero e nele Sêneca propõe um modelo de governante que pauta seus atos pela clemência. Mais uma vez se observam nessa obra sinais de bajulação: Sêneca elogia abertamente o jovem imperador, sobre o qual pairam graves dúvidas de responsabilidade na morte do pretenso rival.

Nos últimos anos de sua vida pública – entre 58 e 60 –, Sêneca escreve *Sobre a constância do sábio* (*De constantia sapientis*), onde procura mostrar qual deve ser a atitude do estoico diante das ofensas e injúrias, *Sobre a vida feliz* (*De uita beata*), onde propõe o ideal estoico de felicidade – a felicidade baseada na virtude e não no prazer, como querem os epicuristas –, e *Sobre a tranquilidade do espírito* (*De tranquillitate animi*), estudo a respeito da paz interior e das formas de atingi-la. Em virtude dos aspectos comuns que apresentam, esses três diálogos formam um conjunto, completando-se um ao outro.

Entre 63 e 65, afastado da vida pública, Sêneca escreve, entre outras obras, *Sobre a Providência* (*De Prouidentia*) – texto em que, num estilo um pouco rebuscado, embora vivo e poético, ele defende a existência de uma Providência Divina –, *Questões naturais* (*Quaestiones naturales*) – uma exposição do sistema físico do mundo, conforme a concepção estoica – e as *Cartas a Lucílio* (*Ad Lucilium epistolae*) – cento e vinte e duas cartas, nas quais o filósofo apresenta suas ideias morais, ora procurando persuadir o leitor, ora convidando-o à reflexão.

Embora a crítica tenha sido muitas vezes rigorosa com Sêneca, censurando-lhe falhas na arte de composição e excessos no estilo, sua importância foi imensa tanto por ter consolidado o pensamento filosófico em Roma como por ter exercido grande influência sobre a literatura posterior.

A filosofia e o cristianismo: os apologistas

Sêneca é o último dos grandes pensadores que divulgam em Roma as ideias filosóficas ditas pagãs. Muito embora haja pontos de contato entre o estoicismo e o cristianismo e se cogite no fato de ter tido o filósofo provável conhecimento da doutrina cristã, Sêneca não foi um adepto de tal doutrina.

Fala-se numa hipotética troca de correspondência entre ele e São Paulo. Tal fato, porém, não chegou a ser comprovado.

É verdade que, na época em que Sêneca viveu, o cristianismo já se achava disseminado em Roma. Tácito se refere à presença de São Paulo, na cidade, em 62 d.C.; Suetônio menciona a primeira perseguição aos cristãos, ocorrida na época de Nero, em 64 possivelmente, quando muitas vítimas foram sacrificadas, num monstruoso espetáculo circense, logo após o grande incêndio que devastou Roma, crime imputado pelo imperador aos cristãos.

Supõe-se que o cristianismo tenha chegado à Cidade logo após a crucificação de Jesus, ou talvez até mesmo antes. Ali encontrou seguidores não só entre pessoas das classes humildes – trabalhadores, escravos, estrangeiros, desempregados – mas também entre elementos do exército, comerciantes, cavaleiros, aristocratas.

No início da expansão do movimento tudo deve ter sido extremamente difícil para os adeptos da religião de Cristo. A pregação cristã era profundamente diferente de tudo que se conhecia. Substituía antigos valores cultivados pela tradição e feria frontalmente o chamado "espírito de romanidade". Daí os choques que se produziram.

O cristianismo punha em primeiro plano o amor espiritual, total, absoluto, desinteressado: o amor a Deus – o Deus único e verdadeiro – e o amor ao próximo, ao irmão, a todos. Exaltava a fraternidade e a caridade, defendendo a igualdade de todos perante Deus e combatendo a "divindade" do imperador, as práticas religiosas pagãs, os prazeres materiais. Era um desafio, portanto, à tradição romana. Representava um perigo para a estabilidade social e foi combatido duramente, desde o início.

As sanções sofridas deram origem à formação de grupos secretos. As comunidades cristãs – que cresciam dia a dia – foram coagidas a exercer suas atividades em silêncio e às ocultas. A clandestinidade acabou por gerar lendas e mal-entendidos. Por realizarem seus ritos em sigilo e em lugares estranhos, como as catacumbas, os cristãos foram julgados malfeitores, capazes dos atos mais abjetos. Por se considerarem todos irmãos, foi-lhes imputado o crime do incesto; por admitirem a presença real de Cristo no pão eucarístico, foram considerados execráveis homicidas que participavam de cerimônias macabras nas quais um ser humano era sacrificado, sendo sua carne e seu sangue oferecidos aos presentes como alimento; por negarem a divindade do imperador, abjurando os antigos deuses e renegando as práticas piedosas convencionais, passaram a ser os transgressores da lei, a potencialidade da subversão, o perigo para a ordem constituída. Daí a repressão violenta, o castigo, a perseguição, a morte.

A morte, porém, para o cristão, representava apenas a passagem para a outra vida, a vida eterna e gloriosa que o Cristo prometera aos fiéis e para a qual deveriam convergir todos os esforços dos homens, em sua rápida passagem pela terra.

A religião cresceu imensuravelmente, encontrando a todo momento numerosos adeptos que a ela se dirigiam com fanatismo e paixão. Em cerca de três séculos tornou-se praticamente oficial, acabando por dominar as velhas crenças e por impor-se como a religião do mundo herdeiro do antigo Império.

Os textos cristãos devem ter aparecido muito cedo. A pregação doutrinária baseava-se na palavra de Cristo, conservada para os homens na letra dos evangelhos. As cerimônias religiosas, mais do que de elementos materiais, valiam-se da palavra. Os cristãos, em suas reuniões rituais, oravam, cantavam, ouviam pregações, homilias e leituras. As orações, portanto, os hinos e os ensinamentos (a *boa nova*) foram as formas embrionárias daquilo que viria a ser a literatura cristã.

Nada se sabe, contudo, ao certo, sobre os primeiros textos cristãos em latim, pois que a língua eclesiástica *oficial* era o grego, idioma em que foram redigidos a carta de Clemente à Igreja, a *Apologia* de Justino e o tratado de Hermógenes sobre a eternidade da matéria – primeiros documentos cristãos.

As traduções da Bíblia em latim (anônimas inicialmente) começaram a surgir no século II, quando também se manifestam os primeiros escritores cristãos: Vítor (*Victor*), que escreveu entre 186 e 197 um tratado sobre a controvérsia da Páscoa, e Apolônio (*Apolonius*), profundo conhecedor de ciência e filosofia, que pronunciou, no final do século II, um discurso apologético, mencionado nas atas do Senado. Tais obras, entretanto, se perderam.

Os primeiros autores cristãos, portanto, cujos textos se preservaram para a posteridade, são os apologistas que viveram na época dos Antoninos: Minúcio Félix (*Minucius Felix*) e Tertuliano (*Tertullianus*). A época era de relativa tranquilidade, de cosmopolitismo e de mescla de diferentes religiões. Os textos por eles escritos são de grande importância para o conhecimento do processo de desenvolvimento do cristianismo e pelo valor literário que apresentam.

Minúcio Félix

Advogado em Roma, mas originário da África (da Numídia, provavelmente), Minúcio Félix é considerado o primeiro apologista cristão, embora paire alguma dúvida sobre a data em que teria publicado seu livro *Otávio* (*Octauius*) – entre 190 e 210.

Otávio é uma obra bastante original, apesar de inspirada nos diálogos de Cícero. Reproduz uma "conversa" fictícia que se trava entre Cecílio, um pagão, Otávio, um cristão, e o próprio Minúcio.

Os três amigos, porque Cecílio fizera uma saudação à estátua de Serápis, iniciam uma discussão sobre a diversidade das religiões. Cecílio combate o cristianismo e Otávio o defende, representando o pensamento cristão, contra o qual se postava parte expressiva da intelectualidade romana.

O estilo de Minúcio Félix é fluente e colorido e o diálogo tem bastante vida. Construindo uma obra de caráter apologético – procurando, pois, fazer a defesa de uma ideia –, Minúcio lhe conferiu um tom filosófico ao abordar questões de moral, cosmologia e teodiceia.

Tertuliano

Apesar de ter vivido como pagão durante grande parte de sua vida, Tertuliano, após sua conversão ao cristianismo, se tornou um ardente defensor da nova doutrina. Suas obras se situam entre os primeiros documentos cristãos. *Às nações* (*Ad nationes*), texto escrito no final do século II, é uma crítica veemente contra o paganismo; *Apologética* (*Apologeticum*), um pouco posterior, é uma acalorada exaltação do cristianismo.

Escritor fecundo, polemista terrível e orador admirável, Tertuliano compôs obras bastantes virulentas, nas quais se notam o tom inflamado, a lógica tenaz e a grande capacidade imaginativa. São numerosos os trabalhos que escreveu, lembrando-se, além dos de caráter apologético, os ensaios sobre moral, vida piedosa e comportamento cristão: *Sobre o pálio* (*De pallio*), *Sobre os espetáculos* (*De spectaculis*), *Sobre a coroa* (*De corona*), *Sobre o jejum* (*De ieiuno*), entre outras.

O estilo de Tertuliano é grandioso e altiloquente. O vocabulário é rico: palavras de cunho popular se mesclam a elementos puramente clássicos, conferindo originalidade ao texto. As frases são harmoniosas, a composição é cuidada. Em certas passagens, todavia, o pensamento se torna um pouco obscuro.

Minúcio Félix e Tertuliano fecham o primeiro período da literatura cristã: o período que corresponde à fixação da fé.

O segundo período cristão: o século III

No segundo período, correspondente ao século III, encontramos como representantes da literatura cristã as figuras de São Cipriano (*Ciprianus*), Arnóbio (*Arnobius*) e Lactâncio (*Lactantius*).

São Cipriano contrasta com a violência de Tertuliano. É calmo, tranquilo, ponderado. Sem ser um escritor vigoroso, tem um estilo agradável, revelando dotes de imaginação. Embora tenha escrito sobre questões dogmáticas, ele se permite grandes voos líricos: em seus textos, a natureza, as plantas, as flores, os pássaros ocupam lugar de destaque, conferindo-lhes grande plasticidade. Suas *Cartas* (*Epistulae*) têm importância testemunhal e documental. Por meio delas temos notícia do que ocorria com os adeptos do cristianismo num momento especial para a história da Igreja.

Arnóbio se inclui, novamente, entre os apologistas. Convertendo-se ao cristianismo já na idade madura, escreveu uma obra de grande fôlego, *Contra as nações* (*Adversus nationes*) – trabalho que lhe foi imposto como uma espécie de comprovação de conversão. Constituindo-se de sete livros, o texto de Arnóbio corresponde à refutação filosófica das acusações feitas contra os cristãos. Apesar de sua boa intenção, Arnóbio comete, contudo, alguns erros dogmáticos, decorrentes do desconhecimento de alguns aspectos da doutrina cristã.

Lactâncio foi discípulo de Arnóbio. Compôs vasta obra literária da qual uma grande parte, constituída de poemas e cartas, se perdeu. Restam-nos *Sobre a obra de Deus* (*De opificio Dei*), tratado no qual Lactâncio procura mostrar o significado da Providência, e *Instituições divinas* (*Divinae institutiones*), em sete livros, a obra mais importante que compôs. Vários assuntos são aí abordados: a unidade de Deus, os dogmas, a justiça e a beatitude futura, na vida eterna.

Com Lactâncio termina o período de formação da literatura cristã. Abre-se nova época que, estendendo-se pelos séculos IV e V, vai revelar à posteridade, além de poetas como Prudêncio e São Paulino de Nola, as figuras dos primeiros doutores da Igreja: Santo Hilário, Santo Ambrósio e, principalmente, São Jerônimo e Santo Agostinho.

A sedimentação da doutrina: os doutores da Igreja

Passado o primeiro momento da literatura cristã, quando a nova religião procura defender-se e firmar-se, chega-se à época de sua plena e franca expansão: a doutrina se consolida nas grandes obras dos primeiros doutores da Igreja. São textos que, embora tenham finalidade específica e mereçam estudo aprofundado em outro nível, apresentam aspectos literários dada a formação de seus autores.

De Santo Hilário, bispo de Poitiers entre 355 e 367, restaram-nos, além de belos hinos que desempenharam importante papel na formação da literatura medieval, várias obras de caráter teológico, dogmático e exegético, escritas numa língua vigorosa e ritmada, denotando preocupação estética. *Sobre a Trindade* (*De Trinitate*), *Sobre os sínodos* (*De synodis*) e *Contra o imperador Constâncio* (*Contra imperatorem Constantium*) são as mais conhecidas.

De Santo Ambrósio, bispo de Milão a partir de 374, além das *Orações fúnebres* já mencionadas, temos alguns tratados teológicos como *Sobre a fé* (*De fide*), *Sobre o Espírito Santo* (*De Spiritu Sancto*), *Sobre a penitência* (*De paenitentia*). Temos também um tratado de moral, inspirado em Cícero: *Sobre os deveres dos clérigos* (*De officiis ministrorum*).

São Jerônimo, ao lado da obra histórica já lembrada, traduziu as *Escrituras*, sobre as quais fez importantes comentários; além disso, criou, juntamente com Atanásio de Alexandria, a hagiografia cristã, escrevendo várias biografias de monges – obra mais poética do que doutrinária ou histórica –, e compôs textos de caráter polêmico como *Contra Joviniano* (*Aduersus Iouinianum*). Dotado de espírito científico e crítico e, ao mesmo tempo, de grande sensibilidade literária, São Jerônimo utilizou uma linguagem simples e precisa, dado o caráter de sua obra, impregnando-a, porém, de tonalidades artísticas.

Santo Agostinho, bispo de Hipona desde os últimos anos do século IV até 430, é, talvez, o mais importante dos doutores da Igreja dessa época.

Além de numerosas cartas, compôs uma obra imensa, na qual se salientam, pela importância filosófico-literária, os *Solilóquios* (*Soliloquiorum libri II*), escritos entre 385 e 387, e as *Confissões* (*Confessionum libri XIII*), entre 397 e 398. Quanto a *A cidade de Deus* (*De civitate Dei*), o tom histórico a insere em outra categoria de textos.

Os *Solilóquios* pertencem ao período que medeia entre a conversão e o batismo do autor. Compõem-se de dois livros que tratam das aspirações metafísicas do homem e são contemporâneos de *Contra os Acadêmicos* (*Contra Academicos*), *Sobre a vida feliz* (*De beata uita*) e *Sobre a ordem* (*De ordine*), diálogos influenciados pelos textos filosóficos de Cícero.

As *Confissões*, em treze livros, compõem uma autobiografia, na qual Santo Agostinho não apenas relata fatos de sua vida, mas também os comenta, deles procurando extrair ensinamentos. As referências à infância, por exemplo, dão oportunidade a comentários sobre o desenvolvimento do pensamento racional; as lembranças dos tempos de adolescente remetem a reflexões sobre métodos pedagógicos; as recordações da juventude levam a uma profunda análise psicológica.

É no refletir sobre a vida adulta, entretanto, que o escritor se detém a estudar questões de ordem metafísica e moral. Aprofundando-se corajosamente no exame de sua própria alma, Santo Agostinho compõe uma obra absolutamente original, vazada em estilo grandioso e expressivo, embelezado por imagens repassadas de lirismo.

Além dessas obras, Santo Agostinho compôs muitas outras: tratados de teologia dogmática, como *Sobre o livre-arbítrio* (*De libero arbitrio*) e *Sobre a Trindade* (*De Trinitate*); tratados de teologia moral, como *Contra a mentira* (*De mendacio*), *Sobre os bens do casamento* (*De bono coniugali*); obras pedagógicas como *A doutrina cristã* (*De doctrina christiana*) e, ainda, obras de exegese, cartas e sermões.

Santo Agostinho é o último dos grandes pensadores que ainda podem, de alguma forma, ser considerados como representantes da cultura romana. O grande Império está chegando ao fim. As luzes de Roma, todavia, vão brilhar por algum tempo ainda, iluminando, com seu reflexo, o amanhecer de um novo mundo.

A ERUDIÇÃO

Dificilmente podemos, hoje, considerar como literária uma obra científica ou puramente informativa. O caráter pragmático nelas se evidencia, a preocupação estética é mínima, a escritura chega a seu grau zero.
No passado, porém, e sobretudo na Antiguidade clássica, os gêneros se achavam profundamente imbricados. Escritores houve que manipularam muitos gêneros diferentes, conferindo, é claro, seu estilo pessoal a todas as obras que produziram. A poligrafia foi uma característica do romano, desde cedo. Ápio Cláudio Cego, já vimos, no passado remoto da vida romana, foi um político e um poeta, um filósofo e um administrador; Catão, ainda em pleno período helenístico, foi historiador, orador e erudito; Cícero compôs poemas e se utilizou, em sua obra em prosa, de processos nitidamente artísticos, criando a linguagem poética clássica; Júlio César escreveu obras em verso ao lado de discursos e de comentários históricos sobre guerras.
Não se pode, portanto, deixar de considerar, num trabalho sobre a literatura latina, os textos científicos que revelam

os conhecimentos dos eruditos. Embora possamos considerá-los paraliterários, a linguagem neles presente é, quase sempre, a linguagem poética latina, com ritmo melódico, vocabulário selecionado, figuras e elementos ornamentais.

Muito cedo começaram a aparecer tais textos. Entre os autores conhecidos, Catão abre a lista.

Catão

Autor de numerosas obras de erudição – entre as quais se encontra a enciclopédia a que já nos referimos –, Catão só pode ser apreciado, atualmente, pela única obra que chegou até nós: um tratado de agronomia, intitulado *Sobre a agricultura* (*De agri cultura*).

Escrito numa linguagem ponteada de arcaísmos, simples e despretensiosa, o livro de Catão revela sua preocupação com um dos grandes problemas da época, que vai estender-se até os dias de Augusto: a evasão do camponês. O homem do campo procurava a cidade; a região rural se despovoava. Catão, movido provavelmente pelo mesmo sentimento patriótico que o fazia subir à tribuna, procurando despertar, entre seus concidadãos, o espírito de romanidade, escreveu *Sobre a agricultura*, vendo no cultivo da terra uma forma de ampliar a riqueza da pátria.

Na primeira parte do livro refere-se à exploração do solo, aos deveres do proprietário da terra e do administrador, ao cultivo da vinha e da oliveira, aos instrumentos agrícolas e aos programas de cultura.

Na segunda parte – desconexa em relação à primeira e guardando traços de obra enciclopédica – fala das precauções que devem ser tomadas contra as inundações e das propriedades medicinais de algumas plantas, fornecendo "receitas" práticas, entre as quais inclui fórmulas mágicas e de encantamento.

No trecho abaixo, no qual Catão menciona as atividades que devem ser desenvolvidas pelos proprietários de terras, temos uma amostra do estilo do autor – singelo, conciso, com frases curtas e incisivas como as que se observam nos textos das leis:

> O pai de família, assim que chegue a sua propriedade, assim que tenha saudado os Lares familiares, deve fazer uma vistoria. Se possível no mesmo dia, se não no mesmo dia, ao menos no dia seguinte. Assim que ele se der conta da forma como a terra foi cultivada, dos trabalhos que estão sendo feitos, ou não, que ele chame o administrador. Que ele lhe pergunte sobre o que está sendo feito e o que resta a fazer; se os trabalhos foram realizados a tempo, se é possível terminar o que falta; o que foi feito em matéria de vinho, de cereais e demais produtos. Terminada a vistoria, é preciso começar a contagem dos trabalhadores e dos dias de trabalho. Se o rendimento não foi bom, o administrador dirá que fez o melhor que pôde, que os escravos estiveram doentes, que o tempo foi ruim, que alguns escravos fugiram, que houve corveias públicas; depois de apresentar esses pretextos e muitos outros, que o proprietário o leve à contagem dos trabalhos e dos trabalhadores. Se houve chuvas, deviam ter sido feitos os trabalhos que se podem fazer quando chove: lavar o vasilhame, impermeabilizá-lo com piche, limpar as edificações, mudar o cereal de lugar, levar o esterco para fora, fazer uma fossa para o esterco, limpar as sementeiras, reparar as cordas, fazer novas, reformar os arreios e as roupas. Nos dias de festa, podia-se cuidar das cavas antigas, cobrir de pedregulhos o caminho público, cortar feno, revolver o jardim, limpar os prados, escorar as mudas, arrancar os espinhos, pilar, limpar. Se os escravos estavam doentes, não se deveria ter-lhes dado tanta comida.

(Cat. *Agr.* II)

Varrão

Defensor dos costumes dos antepassados, tradicionalista, apegado aos velhos tempos e a suas instituições e hábitos, Varrão (*Marcus Terentius Varro* – 116-27 a.C.) foi um escritor incansável, um polígrafo fértil que compôs, nos quase noventa anos que viveu, uma obra imensa, constante de setenta e quatro títulos que se desdobravam em cerca de seiscentos livros.

Dessa enorme produção, muita coisa se perdeu. Das obras sobre as antiguidades nacionais (origens do povo romano, famílias troianas), dos tratados técnicos (sobre náutica, geografia, matemática), dos livros de crítica literária, filosofia e direito, há alguns fragmentos, sem grande significação. Desapareceram a enciclopédia das artes liberais (*Disciplinarum libri*) bem como os discursos e as cartas que escreveu.

Restam, no entanto, seis livros (V-X) de sua gramática, intitulada *Sobre a língua latina* (*De lingua Latina*), e um tratado de agricultura, em três livros, a *Economia rural* (*De re rustica*).

A gramática foi escrita entre 47 e 45 a.C. Dedicada a Cícero, compunha-se de 25 livros. O primeiro servia de prefácio aos demais, nos quais se abordavam a etimologia da língua latina, sua morfologia e sintaxe. Embora as questões linguísticas apresentadas sejam hoje motivo de controvérsia e se façam grandes restrições a algumas das hipóteses sugeridas pelo escritor, *Sobre a língua latina* é um precioso documento, desde que analisado com o devido cuidado. O estudo sobre o vocabulário poético, a descrição morfológica da língua latina e as reflexões sobre analogias são de grande interesse para os estudiosos do assunto.

A *Economia rural*, escrita por Varrão já na velhice, foi dedicada a sua esposa. No livro I, o autor se ocupa do cultivo do solo; nos livros II e III, da criação de animais. Amplamente documentado e bem construído, revelando preocupação com a natureza e com a decadência da agricultura, esse tratado oferece importantes informações sobre a questão agrária romana, ao lado de divertir o leitor graças aos relatos pitorescos e anedóticos que entremeiam o texto.

A erudição e a "dinastia júlio-claudiana"

Na época de Augusto e durante o reinado dos chamados príncipes júlio-claudianos, foram bastante numerosos os eruditos que se ocuparam de assuntos variados tais como a agricultura, a astronomia, a religião, a medicina e outros. Das obras que produziram, todavia, pouca coisa conseguiu resistir ao tempo. Daquilo que se preservou merecem destaque especial os textos escritos por Vitrúvio, Celso e Columela.

Vitrúvio (*Marcus Vitruuius Pollio* – ?-26 d.C.) foi engenheiro militar na época de Augusto e, já idoso, compôs *Sobre a arquitetura* (*De architectura*), um tratado em dez livros, dedicado ao imperador.

Muito apreciado durante o Renascimento, o tratado fornece interessantes informações a respeito das técnicas de construção utilizadas na época, dos materiais empregados e dos tipos mais frequentes de edificações.

Preciso e claro em sua redação e elegante no escrever, Vitrúvio resguardou para os pósteros importantes notícias sobre a construção civil e os edifícios públicos e privados (teatros, residências, termas), sobre a decoração neles observada, a edificação de aquedutos e a fabricação de relógios e máquinas.

Celso (*Aulus Cornelius Celsus*) foi contemporâneo de Tibério. Amante das ciências naturais, escreveu uma grande enciclopédia, em vinte livros, da qual se preservaram os oito últimos, consagrados à medicina. Num estilo simples, mas puro e correto, baseando-se sobretudo em fontes gregas, o escritor apresenta aquilo que seu momento conhecia sobre as artes médicas em geral. O valor documental do texto é inestimável.

Columela (*Lucius Iunius Moderatus Columella*) foi contemporâneo de Cláudio e Nero. Natural da Hispânia, onde possuía uma grande propriedade rural, o escritor ali fixou residência quando abandonou a vida militar. Amante da vida agreste e dos trabalhos agrícolas, seguiu a tradição iniciada por Catão e Varrão e continuada por Virgílio, e se dispôs a escrever sobre a agricultura.

De sua primeira obra, temos apenas o segundo livro, *Sobre árvores* (*De arboribus*). Depois desse ensaio Columela escreveu um grande tratado em dez livros, *Sobre o campo* (*De re rustica*) no qual, num estilo límpido e suave, forneceu informações sobre a economia agrícola itálica e também sobre o que observou em viagens realizadas na Gália, Grécia e Síria. Discorrendo sobre vários aspectos da vida campesina, que vão da cultura da terra aos deveres do administrador da propriedade rural, passando por considerações sobre o cultivo de uva e os cuidados com animais, Columela se valeu de um curioso processo estilístico, em sua obra: escreveu em versos o livro X, consagrado à jardinagem, procurando, dessa forma, completar o trabalho feito por Virgílio nas *Geórgicas*. Sua poesia, no entanto, bastante despretensiosa, está longe de poder comparar-se com a do antigo poeta.

A *História natural* de Plínio, o Velho

De todos os eruditos que viveram no século I de nossa era, a figura mais expressiva é, sem dúvida, a de Plínio, o Velho (*Caius Plinius Secundus Maior* – 23?-79). Não obstante a atarefada vida pública, que dele exigia numerosas viagens para o desempenho de importantes missões, Plínio produziu uma obra vasta e heterogênea. Entre seus textos perdidos, contam-se um tratado sobre a técnica de arremesso de dardos, uma biografia de Pompônio Segundo, em dois livros, vinte livros de história da guerra contra os germanos, três livros sobre a formação do orador, uma longa história romana, em trinta livros, e reflexões sobre problemas relacionados com o desenvolvimento dos estudos.

Restou na íntegra, a *História natural* (*Historia naturalis*), em trinta e sete livros.

Escrita provavelmente durante o governo de Vespasiano e dedicada a Tito, o futuro imperador, a obra é produto da leitura de inúmeros livros estrangeiros e latinos. Plínio compulsou centenas de textos e compôs um trabalho de caráter enciclopédico, segundo um plano simples, mas bastante ambicioso.

No primeiro livro ele expõe tal plano, fornecendo um índice minucioso do conteúdo dos demais e indicando as fontes consultadas para a elaboração de cada um. Seu objetivo é discorrer sobre todo o universo conhecido. Dessa forma, no livro II ele fala dos astros e dos elementos da natureza. Nos quatro livros seguintes (III-VI), de caráter geográfico, descreve a paisagem da terra: Europa, mundo helênico, oriente próximo e extremo oriente. A partir da descrição física, inicia o estudo dos seres vivos que povoam tais lugares: um livro (VII) é consagrado ao estudo das características do ser humano;

quatro (VIII-XI), à descrição dos animais; dezesseis (XII-XXVII), à descrição dos vegetais, principalmente das plantas medicinais, objeto de minuciosas, acuradas e curiosas observações; cinco livros (XXVIII-XXXII) são dedicados ao estudo dos medicamentos não vegetais; dois (XXXIII-XXXIV), aos metais; um (XXXV) às tintas e dois (XXXVI-XXXVII) às rochas e pedras preciosas.

Embora se discuta o caráter científico das informações dadas – o próprio Plínio, em várias passagens, alega a precariedade das fontes e seu desconhecimento em relação ao assunto tratado –, a obra é de grande interesse para a antropologia, a arqueologia, a medicina e numerosas outras áreas da cultura.

Minucioso e cuidadoso, Plínio desce a pormenores e comenta seu próprio trabalho. Na descrição dos astros e dos fenômenos meteorológicos não se atém à mera enumeração: refere-se também a crenças e crendices, aflorando o terreno filosófico-religioso. Na descrição da paisagem geográfica, faz referências interessantes a pormenores de cada lugar, a atividades específicas e curiosidades. No estudo do homem, analisa não só as pessoas "diferentes" das demais por seu comportamento e suas atribuições (feiticeiros, antropófagos, andróginos, magos) como também aqueles que se destacam dos outros por peculiaridades ou deficiências físicas (gigantes, pigmeus, albinos, aleijados). A análise da gestação humana e a descrição de partos especiais ocupam grande parte do espaço destinado ao homem: Plínio aí se refere às numerosas superstições que se relacionam com tais fatos, muitas das quais persistentes até nossos dias. Dados científicos se mesclam, frequentemente, com crendices. Na dissertação sobre animais há muitas curiosidades. O escritor não se limita, apenas, a descrever espécies apontando-lhes as características: entremeia as descrições com histórias, lendas, relatos de fatos em que os animais têm algum destaque; fala de bichos reais e de animais fabulosos.

No longo estudo sobre os vegetais Plínio discorre sobre os mais diversos tipos de árvores conhecidas (europeias, exóticas, selvagens, frutíferas), sobre vinhas, oliveiras, plantas aromáticas, cereais e flores e explora, pormenorizadamente, as plantas medicinais, fornecendo preciosos dados sobre a medicina da época. O estudo das plantas medicinais é completado com referências a medicamentos de origem animal e mineral.

No final da obra, ao deter-se no estudo de metais e rochas, faz uma sinopse da história da arte, lembrando edificações importantes e obras famosas no campo da escultura e da pintura.

Embora o caráter científico da obra seja contestado, por vezes, e a linguagem de Plínio se ressinta de defeitos próprios da época – prolixidade e certa inadequação da ornamentação –, a *História natural* é um repositório de informações úteis e curiosas e um espelho da visão de um homem letrado e culto, que denota uma de suas grandes preocupações: considerar a pequenez e a insignificância do ser humano diante da imensidão do universo.

As primeiras palavras com que Plínio inicia a sua obra dão uma ideia dessa posição:

> O universo, ou aquilo que se convencionou chamar por outro nome, o céu, que com sua abóbada abarca tudo que existe, deve ser considerado semelhante a um deus: eterno, imenso, não criado e não condenado a ter um fim. Indagar sobre o que existe fora dele não interessa ao homem e a limitação da inteligência humana não consegue apreender. O universo é sagrado, eterno, imensurável, um todo num todo e, por assim dizer, tudo; finito, parece ser infinito; tendo a certeza de todas as coisas, parece incerto; no exterior e no interior, abarca tudo que existe em si; é, ao mesmo tempo, a

obra da natureza e a própria natureza. É loucura de alguns pretender determinar-lhe a extensão ou ter a pretensão de tê-la determinado; é loucura de outros, a partir dos dados fornecidos por aqueles primeiros, assegurar que existe uma infinidade de universos.

(Plin. *H. Nat.* II, 1)

A reflexão sobre o universo leva-o a questionar a crença nos deuses, a fazer considerações sobre a fragilidade do homem, suas limitações e sua desmedida ambição.

As *Noites áticas* de Aulo Gélio

Leitor incansável e amante dos estudos, Aulo Gélio (*Aulus Gellius* – 130?-160?) deixou em sua única obra – *Noites áticas* (*Noctes Atticae*) – uma enorme quantidade de observações sobre assuntos variados. Dificilmente poderíamos classificar o texto quanto ao gênero. São anotações, feitas dia a dia, no silêncio da noite (daí o título), e iniciadas durante uma estada do escritor em Atenas. Prosseguindo o trabalho, já de retorno a Roma, Aulo Gélio compôs um conjunto de vinte livros.

Os capítulos se sucedem, sem ligação. São observações avulsas, de extensão variada, sobre uma pluralidade de temas. Tudo interessava ao escritor. Aulo Gélio reserva muitos capítulos para reflexões sobre a língua latina (prosódia, morfologia, fonética, sintaxe, semântica), tomando por ponto de partida leituras feitas; comenta textos literários e, por inserir longas citações nos comentários, tem o mérito de preservar trechos de obras perdidas; apresenta biografias de escritores gregos e latinos. Interessa-se, ainda, por história (contando anedotas sobre feitos pitorescos, narrando contos históricos e apresentando biografias de vultos importantes), pelo direito (a discussão sobre a *Lei das XII Tábuas* é bastante longa), pelas ciências e pela filosofia.

No prefácio da obra, Aulo Gélio fala do método por ele adotado: vai apresentar uma coletânea de notas de leitura. Faz, então, uma distinção entre nota e comentário. Dado o caráter da obra, a composição é pouco rigorosa e o estilo despretensioso e claro, conquanto, vez por outra, se depreenda intenção artística, sobretudo pela utilização de um vocabulário bastante escolhido.

Macróbio

O final do século II e os séculos III e IV apresentam grande quantidade de eruditos, juristas e gramáticos. Entre eles salienta-se a figura de Macróbio (*Macrobius Theodosius*), cujas obras despertam real interesse.

Escrevendo nas proximidades do ano 400, deixou-nos, entre outros trabalhos, um comentário ao *Sonho de Cipião*, de Cícero (fragmento do *Sobre a República*), comentário esse que inclui uma explicação matemática e astronômica do episódio, com incursões pela teoria filosófica neoacadêmica. Deixou também alguns comentários sobre fatos gramaticais, *Extratos gramaticais* (*Excerpta grammatica*), e as *Saturnais* (*Saturnaliorum libri*), sua obra mais conhecida e importante.

Pretendendo abordar assuntos de gramática sob a forma de um diálogo travado entre o autor e alguns de seus amigos, durante as festividades em honra de Saturno, Macróbio, na verdade, estende a "conversa" a vários outros assuntos, apresentando considerações sobre retórica, direito, astronomia e arqueologia.

Mesmo não revelando grande originalidade de pensamento, a obra aflora a filosofia, mostrando-nos o pensamento de um erudito pagão numa época em que o cristianismo já dominava o mundo romano.

A EPISTOLOGRAFIA

Foram muitos os escritores latinos que conferiram a seus textos um tom epistolar. Fizeram-no Catão, ao dirigir-se expressamente a seu filho, na enciclopédia que escreveu, Lucílio, em algumas de suas sátiras, Lucrécio, em seu belo poema *Sobre a natureza*, ao endereçá-lo a Mêmio, Catulo em seus poemetos-bilhetes, Cícero, em alguns de seus tratados de retórica e de filosofia.

Salústio insere em seus textos históricos cartas simuladas de figuras reais e os poetas da época de Augusto se valem do tom epistolar em várias de suas obras.

Se nas *Geórgicas* de Virgílio esse tom praticamente se dilui, conquanto o nome de Mecenas surja, de vez em quando, em apóstrofes, o mesmo não ocorre com Horácio, que, não satisfeito em dar um aspecto de carta a muitas das odes e sátiras, publicou dois livros de autênticas *Epístolas*, nas quais o destinatário é claro e expresso e o caráter epistolar patente.

Tibulo e Propércio se valem algumas vezes da figura do receptor e Ovídio, se nas *Heroides* simula correspondência entre figuras mitológicas, nas *Cartas pônticas* se dirige, realmente, a personalidades da sociedade romana.

Tal atitude faz com que a carta, em Roma, mesmo quando escrita com finalidade explícita de transmitir informações ou solicitar notícias, tenha, não raro, elementos literários, funcionando não apenas como objeto útil mas também como texto escrito em cuja elaboração o material estético foi utilizado.

São numerosos os escritores romanos que, ao lado de obras especificamente literárias, escreveram cartas. Algumas se perderam, como é o caso das de Júlio César, que, segundo Suetônio e Plutarco, teria instituído em Roma o costume da troca de correspondência entre amigos. Outras se preservaram pela publicação e chegaram até nossos dias. Entre estas estão as de Cícero, Sêneca, Plínio, o Jovem, Símaco e Frontão. E as dos escritores cristãos, evidentemente, que fizeram da carta um elemento indispensável para a obra que se propunham realizar. Destes, destacam-se São Cipriano e São Jerônimo.

A correspondência de Cícero

Ao lado de ter sido, provavelmente, o maior orador de toda a literatura latina, um retórico e um pensador, Cícero foi também um epistológrafo.

Perderam-se, é certo, muitas das cartas que escreveu, endereçadas a César, a Pompeu, a Otávio. Restaram, porém, inúmeras missivas dirigidas à esposa, aos filhos, a vários amigos e companheiros. Esses textos foram agrupados por assuntos e publicados em trinta e sete livros. Dezesseis englobam cartas enviadas a familiares (*Ad familiares*), dezesseis reúnem as dirigidas a Ático, o amigo dedicado (*Ad Atticum*), três enfeixam as cartas mandadas a Quinto, seu irmão (*Ad fratrem Quintum*), e dois as remetidas a Bruto (*Ad Brutum*).

São centenas de cartas que cobrem um período de vinte e cinco anos (de 68 a 43 a.C.), fornecendo o retrato do homem que as escreveu e o da própria república romana, que se aproximava do fim.

Cícero, o homem, surge diante de nós sob múltiplos aspectos: formal e preocupado com o estilo literário quando se dirige a políticos, a intelectuais, a pessoas de seu próprio nível; cheio de vivacidade e por vezes deixando extravasar os sentimentos mais diversos, nas cartas a Ático, o confidente de todas as horas; terno, inquieto, cuidadoso, ao dirigir-se a Terência, a esposa, ou a Tulíola e ao pequeno Cícero, os filhos.

São particularmente significativas as cartas por ele escritas a esses familiares em 58 a.C. e no início de 57, quando, em virtude da proposta de promulgação da Lei Clódia, o escritor se viu coagido a afastar-se de Roma, num exílio voluntário. A lei previa o banimento e o confisco de bens de políticos que, abusando do poder, determinassem penalidades, sem anterior julgamento, a cidadãos romanos, e Cícero, durante seu consulado, em 63 a.C., fizera executar, nessas circunstâncias, os cúmplices de Catilina. Seria, portanto, incriminado e punido.

O escritor saiu, então, da cidade. Foi para Brundísio e de lá para a Grécia. A partida intempestiva não lhe permitiu tomar uma série de providências. Terência ficou sozinha em Roma com o pequeno Cícero, um menino de seis anos apenas. O dote de casamento de Tulíola não fora ainda completamente liberado. Havia problemas com as finanças de família e com os escravos.

A carta enviada à esposa no dia da partida para a Grécia mostra a desesperança e o sofrimento de Cícero, que se derramam nas palavras que escreve:

Que infelicidade! Que aflição! Como eu poderia pedir que viesses para junto de mim, se és uma mulher doentia, sem força física e sem ânimo? Não devo pedir, então? Devo ficar sem tua presença? Creio que farei isso [...] Se estivesses a meu lado, não acharia que tudo estava perdido. Que acontecerá com minha querida Tulíola? [...] E meu pequeno Cícero, que fará? Ele, ao menos, eu gostaria de apertar ao peito, de ter nos meus braços. Não posso continuar a escrever. A tristeza me impede. Não sei o que vais fazer, quer tenhas conseguido salvar alguma coisa, quer, como temo, tenhas sido despojada de tudo.

(Cic. *Fam.* XIV, 3)

Por outro lado, encontramos nas cartas a revelação de aspectos importantes da vida romana, num momento em que as guerras civis se intensificam e a luta pelo poder se torna mais acirrada.

De extensão variada – algumas são simples bilhetes de algumas linhas, outras equivalem, quase, a pequenos ensaios –, as cartas de Cícero nos mostram mais uma vez sua imensa capacidade de manejar a língua latina, adotando um estilo elegante e puro nos textos mais cerimoniosos e convencionais, não hesitando em utilizar-se da linguagem afetiva e de expressões populares quando escreve para amigos ou se dirige a familiares.

É possível que as epístolas de Cícero não tenham sido escritas com vistas à publicação. Foi Tirão, seu antigo escravo, o mesmo que taquigrafara os discursos preparando-os para a divulgação, quem organizou as cópias das cartas após a morte do orador, entregando-as ao público e permitindo que se resguardassem até hoje.

Sêneca epistológrafo

Já tivemos oportunidade de referir-nos aos tratados filosóficos e às *consolações* de Sêneca. Dos tratados, alguns têm destinatário expresso: *Sobre a tranquilidade da alma*, *Sobre a constância do sábio* e *Sobre o ócio* são dirigidos a Aneu Sereno; *Sobre a vida feliz,* ao sogro, Pompeu Paulino; *Sobre a clemência,* a Nero. As consolações, por sua vez, são longas epístolas de conteúdo estoico, destinadas a consolar pessoas que passavam por momentos difíceis.

Esses textos distanciam-se, entretanto, das cartas convencionais, fato que não ocorre com as *Cartas a Lucílio* – 122 epístolas, em vinte livros, escritas entre 63 e 64, e dirigidas ao jovem Lucílio com a finalidade de instruí-lo e formá-lo.

Para quem leu os tratados filosóficos de Sêneca, as cartas não oferecem muita novidade, em matéria de doutrina. Têm, no entanto, a espontaneidade e a naturalidade de uma conversa, muito embora o autor tivesse provavelmente pensado na publicação desses textos. Daí o fato de, apenas de raro em raro, surgir nas epístolas algum pensamento estranho à teoria que deseja apresentar. Embora haja uma ou outra referência a fatos que ocorreram no momento, não há dados importantes concernentes à vida do escritor.

Sêneca, nas *Cartas a Lucílio,* constrói uma casuística da moral, analisando as faculdades humanas, as virtudes e os vícios. Dado o caráter da obra, não menciona as fontes consultadas, das quais teria tirado algumas das ideias desenvolvidas.

As *Cartas* de Plínio, o Jovem

Vivendo no século I de nossa era e no início do século II, no período, portanto, em que a decadência das letras latinas começa a acentuar-se, Plínio, o Jovem, pode ainda ser considerado como um dos grandes escritores da antiga Roma. Dedicando-se desde a juventude à carreira militar e, posteriormente, à vida pública, teve oportunidade de conhecer muitas facetas da vida, das quais oferece significativo retrato em suas *Cartas*. Contribuiu para isso sua grande cultura, sua memória privilegiada, sua sensibilidade e sua capacidade de observar.

Dos dez livros em que estão coligidas as cartas de Plínio, nove foram publicados pelo próprio autor e reúnem os textos epistolares escritos entre 97 e 109, embora o escritor não respeite, na ordenação, um critério cronológico rigoroso. O livro X é diferente dos demais. Enquanto nos primeiros os assuntos são variados, bem como o tom das cartas e o estilo, no livro X – publicação provavelmente póstuma – há apenas a correspondência formal trocada entre Plínio e o imperador Trajano.

Dotado de grande talento, o escritor faz de suas cartas autênticas peças literárias, repletas de pensamentos curiosos, de observações e comentários sobre fatos ocorridos, de descrições pitorescas e narrações cheias de movimento e vivacidade.

Algumas das cartas de Plínio deixam entrever aspectos de sua personalidade e caráter: é o caso das que são dirigidas a sua esposa. Outras nos interessam como comentários literários. Outras, ainda, têm grande valor documental. Entre estas gostaríamos de lembrar duas epístolas enviadas a Tácito: numa delas (VI,16), Plínio relata ao historiador, num tom repassado de ternura e afeto, como se deu a morte de seu tio, o erudito Plínio, o Velho, vitimado durante a erupção do Vesúvio ocorrida em 79 de nossa era; na outra (VI, 20), com grande dramaticidade, o epistológrafo complementa o relato, descrevendo a erupção, minuciosamente. São ainda consideradas antológicas a carta em que Plínio descreve a fonte de Clitumno (VIII, 8) e a que endereça a Trajano, procurando orientação para resolver problemas referentes à presença de cristãos na cidade (X, 96).

O trecho abaixo oferece uma amostra do trabalho de Plínio. Em que pese o tom ligeiramente bajulador – fato frequentemente observado nas *Cartas* –, a linguagem é nobre e o estilo cuidado:

> Plínio envia saudações a Tácito.
> Tu me pedes que eu te relate a morte de meu tio, para que possas narrá-la, com veracidade, a nossos pósteros. Agradeço-te porque sei muito bem que a glória desse fato vai ser eterna, uma vez que ele vai ser contado por ti.
> Embora meu tio devesse ser lembrado para sempre, por ter desaparecido com tantas outras pessoas e tantas cidades, durante a destruição de uma região belíssima numa calamidade inesquecível, embora ele também tivesse composto obras memoráveis, a eternidade de teus escritos acrescentará mais tempo à perpetuidade dele. [...]
> Ele estava em Miseno e comandava pessoalmente a armada. Faltavam nove dias para as calendas de setembro. Mais ou menos à hora sétima, minha mãe o informa de que havia aparecido uma nuvem muito estranha, pelo formato e pelo tamanho. Ele tinha tomado um pouco de sol, refrescara-se e se servira de uma refeição leve. Estava estudando. Pediu então suas sandálias e subiu a um local de onde o fenômeno podia ser bem observado. Formava-se uma nuvem com o feitio e o aspecto de uma árvore, de um pinheiro.
> [...]
> Meu tio, que era amante das ciências, achou que aquilo devia ser visto de perto: mandou preparar um barco e convidou-me a ir com ele [...] Estava saindo de sua casa quando recebeu um recado

de Rectina, esposa de Casco, apavorada com o perigo iminente: pedia que a salvassem daquela terrível situação.

Meu tio mudou seus planos: aquilo que começara a fazer em nome da ciência, ele fez, então, pela generosidade. Despachou embarcações e partiu, em pessoa, para levar socorro não só a Rectina, mas a muitos. A cinza caía sobre os navios, à medida que se aproximavam do local, cada vez mais quente e mais densa; caíam pedras-pomes e pedregulhos enegrecidos, quebrados e queimados pelo fogo; a praia estava obstruída pelo desabamento da montanha.
[...]
Nesse meio tempo, labaredas imensas, saindo do monte Vesúvio, brilhavam juntamente com o fogo de grandes incêndios, que haviam surgido em diversos locais.
[...]
Quando amanheceu, seu corpo foi encontrado em perfeito estado, intacto, com as roupas da partida; seu aspecto era o de alguém que dormia e não o de um morto.

(Plin. VI, 16)

Epistolografia cristã

A partir do século II de nossa era, são cristãos os principais epistológrafos romanos. Se um ou outro escritor dito pagão ainda se notabiliza pelas cartas que escreve – é o caso de Frontão, por exemplo, preceptor de Marco Aurélio, ou de Símaco, prefeito de Roma no final do século IV –, suas missivas não trazem grande novidade, em termos de conteúdo, e valem, sobretudo, pelo aspecto literário que têm. Frontão (*Marcus Cornelius Fronto*) é autor de vasta correspondência dirigida ao ilustre discípulo (*Ad Marcum Aurelium epistolae*). O estilo é ornamentado, enfático, disfarçando, sob certo rigor retórico, o vazio das ideias e a fatuidade de alguns dos temas tratados. Símaco (*Quintus Aurelius Symmacus*), de quem temos dez livros de cartas, é igualmente um escritor mais preocupado com a forma do que com o conteúdo dos textos.

Cabe, pois, a autores cristãos o lugar de destaque na epistolografia dessa época.

Como já tivemos oportunidade de lembrar, a palavra oral e escrita desempenhou importante papel em todo o processo de estabelecimento e difusão do cristianismo. A pregação e a epístola foram, inicialmente, os principais instrumentos de doutrinação, complementados, mais tarde, pelos tratados de moral e teologia.

Dos epistológrafos cristãos que escrevem em latim, São Cipriano e São Jerônimo são os mais conhecidos e importantes.

São Cipriano foi bispo de Cartago em meados de século III. Havia já escrito algumas cartas, em ocasiões particulares, quando a grande perseguição, ocorrida em 250, o obriga a exilar-se. A correspondência então se intensifica. Distante da sede do episcopado, Cipriano escreve não só aos cristãos que lá permaneceram, aconselhando-os e encorajando-os, como também a autoridades eclesiásticas residentes em Roma. De volta a Cartago, em 251, Cipriano continua a corresponder-se com figuras da Igreja, às quais expõe algumas de suas opiniões doutrinárias. Muitas das cartas escritas entre 253 e 254 podem ser consideradas como pequenos tratados, nos quais o escritor defende princípios de fé cristã. Novamente exilado, em 257 – para retornar a Cartago em 258 –, Cipriano sente, mais uma vez, necessidade de comunicar-se com a diocese e com Roma. E quando é condenado ao martírio, no final de 258, escreve sua última carta – tocante e bela –, dirigida aos sacerdotes, aos diáconos e ao povo de Cartago.

São, ao todo, oitenta e uma epístolas, em que, ao lado do caráter apologético que se patenteia e de importantes ensinamentos, encontramos um retrato do que foi a vida para os cristãos nessa época de repressão violenta.

São Jerônimo foi uma curiosa figura a marcar com sua presença a intelectualidade cristã dos séculos IV e V. Inteligente, culto, dotado de profundo espírito científico, exerceu atividades diversificadas na Igreja e realizou uma obra de grande importância. Seu temperamento, porém, era inconstante; atravessava crises violentas, ora se aproximando do desespero, ora caindo num misticismo exagerado, ora, ainda, mergulhando num trabalho intenso, a que o levava a grande curiosidade intelectual. Dentre os textos que compôs merecem especial destaque as epístolas, coligidas sob o título de *Cartas de São Jerônimo* (*Hieronymi epistolae*). De permeio aos textos escritos por Jerônimo, entretanto, acham-se algumas cartas que não são de sua autoria; são respostas de pessoas a quem ele se dirigira.

Nas cartas autênticas, são muitos os assuntos explorados. Jerônimo trata de questões dogmáticas e referentes a heresias, aborda problemas de moral e faz especulações sobre a exegese bíblica. Há também cartas encomiásticas e familiares. Muito bem escritas, apresentando construção clássica e vocabulário cuidado mas sem afetação de purismo, as *Cartas de São Jerônimo* são precioso documento para o estudo da língua latina dos séculos IV e V. O estilo dos textos epistolares é adequado aos assuntos neles desenvolvido: nas cartas consideradas didáticas ou informativas, a linguagem é simples e clara; nas outras, o escritor se revela como um mestre no manejo de uma língua ornamentada, chegando a tocar, por vezes, as raias do pedantismo e da ostentação.

A HERANÇA LITERÁRIA LATINA

Em 476 de nossa era, quando um dos oficiais germânicos da guarda imperial, Odoacro, foi coroado imperador, derrubando Rômulo Augústulo, o Império Romano do Ocidente chegou, realmente, ao fim. Rômulo Augústulo, filho de Orestes, soldado do exército de Átila, fora elevado ao poder em 474, quando seu pai depôs Júlio Nepos, o verdadeiro imperador. Desde o século anterior, a Itália vinha sendo ocupada, paulatinamente, por povos germânicos que procuravam escapar de hunos invasores, provenientes do leste e chefiados por Átila. Em 410, os visigodos, comandados por Alarico, haviam saqueado Roma; em 455, os vândalos repetiram a proeza, dirigidos por Genserico; a sede do governo transferira-se, então, para Ravena. Odoacro deu, portanto, apenas o último golpe. Transformou a parte ocidental do Império em mera província do Império Romano do Oriente, que tinha sua capital em Constantinopla, e permitiu que povos bárbaros – lombardos e eslavos, entre outros, – se instalassem em regiões que antes faziam parte de uma unidade política.

O Império Romano do Oriente duraria ainda por cerca de um milênio; o espírito de romanidade, porém, desaparecera completamente. Iniciava-se a Idade Média.

A língua latina começava, também, a fracionar-se, adquirindo características especiais nas diversas regiões em que era falada e gerando os embriões das futuras línguas românicas. A língua popular se distanciava cada vez mais da culta, preservada, sobretudo, nos meios eclesiásticos. Os textos escritos em latim só atingiam um público reduzido. A produção literária definhava. Mesmo assim, podemos lembrar alguns escritores que, com suas obras, conseguiram dar certa continuidade à literatura latina.

Boécio (*Anicius Manlius Severinus Boetius* – 480-524?) é considerado o *último romano*. Figura importante nos meios políticos – cônsul em 510 e ministro do imperador Teodorico –, teve excelente formação filosófico-literária. Traduziu Platão e Aristóteles, escreveu obras científicas e filosóficas e, ao ser preso em 524, por ter caído em desgraça perante Teodorico, compôs seu trabalho mais importante, as *Consolações filosóficas* (*Consolatio philosophiae*), em cinco livros. Nesse texto, Boécio discute conceitos de bem e de mal, procurando mostrar que Deus é o supremo bem e que a Providência se sobrepõe ao Destino. O escritor revela profunda influência de Cícero e de Sêneca e adota um curioso procedimento literário, alternando trechos em verso e em prosa.

Nessa mesma época viveu Cassiodoro (*Flavius Magnus Aurelius Cassiodorus* – 490-575?). Profundamente interessado em literatura, organizou uma grande biblioteca, incentivou amigos a traduzirem obras gregas e se esforçou sobremaneira para instalar, em mosteiros, oficinas de copistas que se encarregassem de reproduzir velhos textos. Escreveu algumas obras.

São de sua autoria uma enciclopédia de conhecimentos religiosos e profanos (*Institutiones divinarum et saecularium litterarum*), algumas peças retóricas, um tratado de filosofia, *Sobre a alma* (*De anima*), e numerosos comentários sobre salmos, epístolas, atos dos apóstolos e outros textos das *Escrituras*.

No século VI temos ainda três nomes importantes a lembrar: Venâncio Fortunato, Gregório de Tours e Isidoro de Sevilha, todos elevados pela Igreja à honra dos altares.

Venâncio Fortunato (*Venantius Honorius Clementianus Fortunatus* – 530-600), bispo de Poitiers, compôs uma miscelânea de poemas de caráter religioso, escritos numa linguagem algo rebuscada.

Gregório de Tours (*Georgius Florentius* – 538-593/94), bispo de Tours, é responsável por uma produção literária bastante vasta. Ao lado de numerosas biografias de santos e de obras sobre mártires e confessores, escreveu a *História dos francos* (*História Francorum*), de grande interesse para especialistas no assunto. O valor literário desses textos é reduzido: vocabulário eivado de barbarismos, sintaxe pobre, tom coloquial. O próprio escritor se ressente de seu despreparo no manejo de uma língua clássica. Os livros de Gregório, no entanto, têm grande importância pelo aspecto documental de que se revestem.

Isidoro de Sevilha (*Isidorus* – 570-636) foi conselheiro de chefes visigodos, em Sevilha. Autor de uma quantidade bastante expressiva de obras, é considerado como um dos grandes responsáveis pela tentativa de manutenção da cultura clássica num mundo que se modificava rapidamente. Além de um texto filosófico, *Sobre a natureza das coisas* (*De natura rerum*), obra dedicada ao rei visigodo Sisebuto, na qual procura mostrar a diferença entre astronomia e astrologia, Isidoro compôs trabalhos de natureza histórica, como *Crônica* (*Chro-*

nica) e *Histórias* (*Historiae*), e uma grande enciclopédia, em vinte livros, conhecida como *Etimologias* (*Etymologiae*) ou *Livros das Origens* (*Originum libri*). Nessa obra o escritor procurou reunir tudo que o saber antigo havia produzido em matéria de gramática, retórica, dialética, matemática, medicina, religião e história, sem desprezar, apesar de ser cristão, os conhecimentos advindos de autores pagãos. É um trabalho de inestimável importância, pelo que representou, na época, e pelo imenso valor documental que possui.

A partir do século VII – e sobretudo no século VIII –, as línguas românicas começam a firmar-se, adquirindo estrutura própria e deixando ao latim o papel de língua eclesiástica e de comunicação entre as camadas mais cultas da sociedade. No século IX aparecem os primeiros textos naquelas línguas.

O latim, todavia, além de ser empregado em obras especificamente religiosas, é utilizado ainda em algumas obras literárias, a exemplo dos poemas de Gottschalk (*Gotescalcus* – 805?-868/9) e das comédias da monja Roswitha (*Hiroswitha* – 935?-1000?), inspiradas nas de Terêncio, em discursos e sermões como os de Abelardo (1079-1142) e São Bernardo (1091-115) e nos textos filosóficos e científicos que atravessam a Idade Média, projetando-se no coração dos tempos modernos – textos de Santo Tomás de Aquino, Thomas More, Francis Bacon, Descartes, Spinoza, Leibnitz e outros.

Embora, evidentemente, esses textos não possam ser considerados como expressão de uma cultura particular – e, a rigor, muitas vezes nem sequer como obras literárias – são eles, ainda, os herdeiros legítimos da velha literatura latina que floresceu no passado e cuja força e importância o movimento renascentista descobriu.

QUADRO CRONOLÓGICO DA LITERATURA LATINA
(Períodos literários e principais representantes)

FASE PRIMITIVA (século VII a.C.-240? a.C.)
Literatura oral: cânticos heroicos, triunfais, convivais, religiosos, fúnebres; cantos fesceninos; discursos;
Textos epigráficos: inscrições;
Textos escritos paraliterários e protoliterários: arquivos, livros de pontífices, anais, leis, sentenças em versos.

FASE HELENÍSTICA (240? a.C.-81 a.C.)
Textos epigráficos (epitáfios, inscrições, sentenças).
Textos literários:
    Lívio Andronico (poesia épica, dramática e lírica);
    Névio (poesia épica e dramática);
    Plauto (poesia dramática: comédias);
    Ênio (poesia épica, dramática, lírica e didática);
    Catão (oratória, epistolografia, erudição, história, retórica);
    Terêncio (poesia dramática: comédias);
    Lucílio (sátira).

FASE CLÁSSICA (81 a.C. a 68 d.C.)
  Época de Cícero (81 a 43 a.C.):
    Cícero (oratória, retórica, filosofia, epistolografia);
    Lucrécio (poesia didático-filosófica);
    César (historiografia, oratória);

Salústio (historiografia);
Catulo (poesia lírica);
Varrão (erudição e sátira).

Época de Augusto (43 a.C. a 14 d.C.):
Virgílio (poesia lírico-pastoril, didática e épica);
Horácio (sátira, epistolografia e poesia lírica);
Tito Lívio (historiografia);
Vitrúvio (erudição);
Tibulo (poesia elegíaca);
Propércio (poesia elegíaca);
Ovídio (poesia elegíaca e didática);
Sêneca, o Retor (retórica).

Época dos imperadores júlio-claudianos (14 a 68 d.C.):
Fedro (poesia didática: fábulas);
Sêneca, o Rétor (retórica);
Sêneca, o Filósofo (filosofia, epistolografia e tragédia);
Lucano (poesia épica);
Petrônio (romance);
Pérsio (sátira).

FASE PÓS-CLÁSSICA (68 d.C ao século V)

Época neoclássica (de 68 a 192 d.C. – da morte de Nero ao fim do governo dos Antoninos):
Plínio, o Velho (erudição);
Quintiliano (retórica);
Estácio (poesia épica e lírica);
Marcial (epigramas);
Juvenal (sátira);
Tácito (retórica, biografia, historiografia);
Plínio, o Jovem (epistolografia, oratória);
Suetônio (história);
Apuleio (romance).

Época cristã (final do século II, séculos III, IV e V):
Aulo Gélio (erudição);
Minúcio Félix (apologética);
Tertuliano (apologética, oratória);
São Cipriano (filosofia e epistolografia);
Eutrópio (historiografia);
Santo Ambrósio (oratória e epistolografia);

São Jerônimo (epistolografia, crônica, biografia);
Santo Agostinho (filosofia, autobiografia, história, oratória);
Prudêncio (poesia lírica);
São Paulino de Nola (poesia lírica);
Sulpício Severo (historiografia);
Claudiano (poesia lírica);
Orósio (historiografia);
Sidônio Apolinário (poesia lírica).

ABREVIATURAS UTILIZADAS NO TEXTO

Caes. *B. G.*	Júlio César, *Sobre a guerra nas Gálias* (*De bello Gallico*)
Cat. *Agr.*	Catão, *Sobre a agricultura* (*De agri cultura*)
Catul.	Catulo, *Poemas* (*Carmina*)
Cic. *Brut.*	Cícero, *Bruto* (*Brutus*)
Cic. *Fam.*	Cícero, *Cartas familiares* (*Ad familiares*)
Cic. *Quinc.*	Cícero, *Em favor de Quíncio* (*Pro Quinctio*)
Hor. *O.*	Horácio, *Odes* (*Odes*)
Hor. *Sat.*	Horácio, *Sátiras* (*Sermones*)
Iuuen.	Juvenal, *Sátiras* (*Satyrae*)
Liv.	Tito Lívio, *História romana* (*Ab Vrbe condita librî*)
Luc. *R. N.*	Lucrécio, *Sobre a natureza* (*De rerum natura*)
Ovid. *A. A.*	Ovídio, *A arte de amar* (*Ars amatoria*)
Ovid. *F.*	Ovídio, *Fastos* (*Fasti*)
Ovid. *Met.*	Ovídio, *Metamorfoses* (*Metamorphoseon librî*)
Ovid. *Tr.*	Ovídio, *Cantos tristes* (*Tristia*)
Pers.	Pérsio, *Sátiras* (*Saturarum liber*)
Petr. *Satyr.*	Petrônio, *Satiricon* (*Satyricon*)
Phaedr. *Fab.*	Fedro, *Fábulas* (*Fabulae*)
Pl. *Poen.*	Plauto, *O cartaginês* (*Poenulus*)
Pl. *Aul.*	Plauto, *A marmita* (*Aulularia*)
Plin.	Plínio, o Jovem, *Cartas* (*Epistulae*)
Plin. *H. N.*	Plínio, o Velho, *História natural* (*Historia naturalis*)
Prop.	Propércio, *Elegias* (*Elegiarum libri IV*)

Sal. *B. Iug.*	Salústio, *A guerra de Jugurta* (*Bellum Iugurthinum*)
Sal. *C. Catil.*	Salústio, *A conjuração de Catilina* (*De coniuratione Catilinae*)
Sen. *Apoc.*	Sêneca, *Apocolocintose* (*Apocolocynthosis*)
Sen. *Med.*	Sêneca, *Medeia* (*Medea*)
Sen. *Ph.*	Sêneca, *Fedra* (*Phaedra*)
Sen. *T.*	Sêneca, *Tiestes* (*Thyestes*)
Tac. *An.*	Tácito, *Anais* (*Annales*)
Ter. *Ad.*	Terêncio, *Os irmãos* (*Adelphoe*)
Tib.	Tibulo, *Elegias* (*Corpus Tibullianum*)
Verg. *Aen.*	Virgílio, *Eneida* (*Aeneis*)
Verg. *Buc.*	Virgílio, *Bucólicas* (*Bucolica*)
Verg. *G.*	Virgílio, *Geórgicas* (*Georgica*)

BIBLIOGRAFIA

ACHCAR, Francisco. *Lírica e lugar-comum: alguns temas de Horácio e sua presença em português*. São Paulo: Edusp, 1994.
ALBRECHT, Michael von. *Roman Epic: an Interpretive Introduction by Michael von Albrecht*. Leiden, N.Y.: Brill, 1999.
_____. *A History of Latin Literature*. Leiden, N.Y.: Brill, 1997.
AYMARD, A. & AUBOYER. J. *Roma e seu império*. Trad. P. M. Campos. São Paulo: DIFEL, 1975.
BAYET, J. *Littérature latine*. Paris: Colin, 1998.
BEARE, W. *The Roman Stage*. 3a. ed. Londres: Methuen, 1964.
BRISSON, J.-P. *Virgile, son temps et le notre*. Paris: Maspero, 1966.
BOES, J. *La philosophie et l'action dans la correspondance de Cicéron*. Paris: PUF, 1990.
BOYANCÉ, P. *Lucrèce. Sa vie, son oeuvre avec un exposé de sa philosophie*. Paris: PUF, 1964.
BOYLE, A. J. (org.). *Roman Epic*. Londres/Nova York: Routledge, 1993.
_____. *Roman Tragedy*. Londres/Nova York: Routledge, 2006.
COFFEY, M. *The Roman Satire*. Londres: Methuen, s/d.
CONTE, G. B. *Letteratura latina: manuale storico dalle origini alla fine dell'impero romano*. Firenze: Le Monnier, 1993.
DUCKWORTH, G. E. *The Nature of Roman Comedy: a Study in Popular Entertainment*. Norman: University of Oklahoma Press, 1994.
DUPONT, F. *Le théâtre latin*. Paris: Colin, 1988.
GRANT, M. *Greek & Roman Historians*. Londres/Nova York: Routledge, 1995.

_____. *The World of Rome*. Londres: Weidenfeld and Nicolson, 1960.
GRIMAL, P. *Le lyrisme à Rome*. Paris: PUF, 1978.
_____. *Sénèque ou la conscience de l'Empire*. Paris: Les Belles Lettres, 1978.
HARDIE, Philip. *The Epic Successors of Virgil – a Study in the Dynamics of a Tradition*. Cambridge: Cambridge University Press, 2002.
HUTCHINSON, G. O. *Cicero's Correspondence: a Literary Study*. Oxford: Clarendon Press, 1998.
KENNEDY, A. *The Art of Rhetoric in the Roman World*. Princeton: Princeton University Press, 1972.
LÓPEZ GREGORIS, Rosario. *El amor en la comedia latina - análisis léxico y semántico* Madrid: Clásicas, 2002.
MADELÉNAT, D. *L'épopée*. Paris: PUF, 1986.
MARTIN, R. *Les agronomes latins et leurs conceptions économiques et sociales*. Paris: Les Belles Lettres, 1971.
MARTIN, R. & GAILLARD, J. *Les genres littéraires à Rome*. Paris: Nathan, 1995.
MORICCA, U. *Storia della letteratura cristiana*. Turim: Società Editrice Internazionale, s/d.
_____. *Storia della letteratura latina. I – La letteratura latina dell'età republicana e augustea; II – La letteratura latina dell'età imperiale*. Firenze/Milano: Sansoni-Accademia, 1969 e 1970.
RIMELL, Victoria. *Petronius and the Anatomy of Fiction*. Cambridge: Cambridge University Press, 2002.
STEEL, C. E. W. *Cicero, Rhetoric, and Empire*. Oxford: Oxford University Press, 2001.
VEYNE, P. *A elegia erótica romana*. Trad. M. M. Nascimento e M. G. S. Nascimento. São Paulo: Brasiliense, 1984.
VOLK, Katharina. *The Poetics of Latin Didactic: Lucretius, Vergil, Ovid, Manilius*. Oxford: Oxford University Press, 2002.
WALSH, P. G. *The Roman Novel*. Cambridge: Cambridge University Press, 1970.
WEST, Martin L. *Crítica textual e técnica editorial aplicável a textos gregos e latinos*. Trad. A. M. R. Rebelo. Lisboa: Fundação Calouste Gulbenkian, 2002.